AILTON KRENAK

Organização da coleção Tembetá
Kaká Werá, Idjahure Kadiwel e Sergio Cohn

Projeto gráfico e foto
Sergio Cohn

ISBN 9786586962284

Azougue Press
Coordenação geral Sergio Cohn
Brasil | CNPJ 12.272.339/0001-26
Portugal | NF 515805394
USA | E. Id. 803650511
Coordenação editorial Sergio Cohn | Darien Lamen
Chile | Tucán Ediciones RUT 77.369.106-1
Coordenação editorial Sergio Cohn | Cristián Jiménez Plaza

Azougue Press: mais que uma editora, uma ponte entre culturas

TEMBETA

A coleção Tembetá traz a trajetória de pensadores indígenas no Brasil que têm contribuído para a cultura, a educação, os direitos humanos e a ecologia nos últimos quarenta anos. São personalidades que têm dedicado suas vidas a causas que vão além das suas respectivas culturas e que têm sensibilizado a sociedade humana como um todo.

A palavra tembetá é de origem tupy. Trata-se de um adorno usado no lábio inferior no rito de passagem que indica maturidade e capacidade de pensar e falar pelo seu povo. Por isso foi escolhido como símbolo desta coleção. Quando observamos a história oficial do Brasil até o início da década de 1990, praticamente toda a literatura e os documentos sobre os povos originários foi produzida pelos ditos "conquistadores" e seus descendentes. Foram raríssimas as vezes em que os próprios nativos falaram representando suas raízes, valores e visão de mundo.

A ideia central do projeto é dar voz narrativa àqueles que trazem a marca da ancestralidade em sua jornada de vida neste país. Para isso, cada edição reunirá intervenções escritas e orais (entrevistas, palestras e depoimentos) de grandes pensadores e pensadoras indígenas surgidos no Brasil desde a década de 1970.

A trajetória dos líderes, pensadores, ativistas e artistas escolhidos para compor a coleção serão disponibilizadas com o intuito de promover reconhecimento, reflexões, inspirações, e sobretudo apontar as contribuições de culturas milenares do Brasil representadas por alguns de seus expoentes.

É preciso dizer que hoje no Brasil são cerca de 380 povos chamados indígenas, cujas origens remontam de 5 mil a 12 mil anos. Quase um milhão de remanescentes, dos quais algo em torno de 450 mil pessoas habitam as florestas e os demais habitam centros urbanos em praticamente todos os estados brasileiros. Além disso, pesquisas da UFMG (Universidade Federal de Minas Gerais) de 2005 na área da genética apontam que 63% do povo brasileiro considerado "branco" tem origem tupy. Ou seja, no país temos presentes raízes de culturas ancestrais nas mais diversas matizes de mestiçagem e ao mesmo tempo não damos voz histórica aos remanescentes destas origens. Isso causa uma sensação de negação de um si mesmo coletivo que reflete também na negação dos direitos humanos das gerações atuais que insistem em viver de acordo com seus valores e visões de mundo. Talvez o Brasil seja o único país do mundo que considera "estrangeiro" o nativo, e nativo o estrangeiro.

O desconhecimento das "vozes ancestrais" é oportunizado negativamente por uma parcela da sociedade com o preenchimento de um imaginário de destituição de dignidade dos descendentes das culturas milenares desta nação plural e diversa hoje chamada Brasil. Constantemente exploradores de minérios, senhores dos agrotóxicos (envenenadores da terra), cultivadores de experiências transgênicas, desmatadores da vida, difundem uma ideia pejorativa, folclórica e negligente de toda uma riqueza imaterial presente no modo de ser e de pensar destes inúmeros povos. Por isso esta coleção é mais de que uma publicação de uma série de livros. É dar voz a um Brasil que também somos.

Kaká Werá, organizador da coleção

ENTRE-VISÕES

SOBRE-VISÕES

COSMO-VISÕES

(...quando nós falamos da terra, nós não falamos de um sítio, de uma fazenda, ou de um latifúndio, nós falamos do planeta como um organismo vivo. Nos somos filhos desse organismo vivo.)

Me lembro que em boa parte dos anos 1980 havia um clima quase constante de revolta e indignação na aldeia guarani de Krukutu, onde vivi alguns anos, localizada no extremo sul da cidade de São Paulo, fazendo divisa com o inicio da Serra do Mar.

As nossas rodas de conversa ao pé do fogo no Opy (a Casa de Rezas) eram tensas, mesmo com as vozes pausadas e serenas do pajé Gwyrá Pepo, do cacique Tiramae Werá, do líder e professor de historia Karaí Mirim, orientadoras de reflexões profundas. Vivíamos assustados com os acontecimentos daquela época em relação aos nossos parentes de outras regiões.

Havia pouco tempo em que Tupã Marcal, uma liderança ativa e pacifica do povo guarani, tinha sido assassinado. E o noticiário mostrava o massacre que gente gananciosa e inescrupulosa havia realizado com os yanomami.

Foi nesse cenário que conheci Ailton Krenak, que nos visitava periodicamente e participava das conversas ao pé do fogo. Levava visões de mundo de outras paragens, levava considerações próprias e se punha à disposição da comunidade em apoio aos nossos anseios em comum.

Desejávamos o respeito pelo nosso modo de ser, a preservação dos ecossistemas e a solução para a questão territorial, tanto local como nacional.

Na ocasião Ailton Krenak coordenou um espaço em São Paulo (um prédio tombado pela Secretaria de Cultura e o Departamento do Patrimônio Histórico), que passamos a chamar de Embaixada dos Povos da Floresta. Esse lugar foi palco de diversas ações ligadas à causa indígena. Mostras, reuniões, palestras, encontros entre os mais diversos líderes e representantes de culturas tradicionais.

Foi lá, nos idos de 1989, que recebemos o Davi Yanomami, que foi falar dos buracos no céu, o Chico Mendes, que nos deu as noções de florestania (cidadania da floresta), os xavantes, que nos deram aulas de sustentabilidade no cerrado, o Marcos Terena, que nos deu a sabedoria de nos reconhecermos como culturas cooperativas através dos nossos jogos tradicionais. E era o Ailton que alinhavava todas essas relações.

Ailton Krenak foi um os articuladores da UNI (União das Nações Indígenas), que em dado momento perturbou o ouvido dos militares, que entenderam que queríamos dividir o Brasil em diversos estados nacionais. Estavam longe de entender os povos originários como culturas e visões de mundo próprias e ávidos da manutenção de uma logica integrada a natureza e a convivência da pluralidade cultural.

A fala de Ailton sempre foi uma flecha indignada em relação às atitudes arbitrárias, opressoras, gananciosas e imorais de um grupo restrito de pessoas que praticamente tem se perpetuado nas instâncias de poder. Seu povo, os krenak, vem de uma região entre Minas Gerais e o Espirito Santo, onde historicamente margeiam o Rio Doce, que consideram como um sagrado antepassado. Sim, este mesmo Rio Doce que amanheceu envenenado pela insensatez secular da relação de alguns tipos de seres humanos com os ecossistemas.

Em 1988, ano da Assembleia Nacional Constituinte, através de uma emenda popular, Ailton Krenak participou das discussões relativas à questão indígena no congresso e protagonizou um momento histórico quando pintou o rosto de tinta preta de jenipapo, em plena tribuna, para protestar contra o retrocesso em relação aos direitos dos povos tradicionais do Brasil. Eis um dos trechos mais marcantes de seu depoimento: "... eu espero não agredir com a minha manifestação os membros dessa casa, mas eu acredito que os senhores não poderão ficar omissos, os senhores não poderão ficar alheios a mais essa agressão movida pelo poder econômico, pela ganância, pela ignorância do que significa ser um povo indígena. E hoje nós somos alvo de uma agressão que pretende atingir na essência a nossa fé, a nossa confiança de que ainda existe dignidade, de que ainda é possível construir uma sociedade que sabe respeitar os mais fracos, que sabe respeitar aqueles que não tem dinheiro para fazer uma campanha incessante de difamação, que saiba respeitar um povo que sempre viveu à revelia de todas as riquezas, um povo que habita casas cobertas de palha, que dorme em esteiras no chão, não deve ser identificado de jeito nenhum como o povo que é inimigo do Brasil, inimigo dos interesses da nação e que coloca em risco qualquer desenvolvimento. O povo indígena tem regado com sangue cada hectare os 8 milhões de quilômetros quadrados do Brasil. Os senhores são testemunhas disso…"

São as vozes e visões de Ailton, em suas intervenções mais recentes, que estão reunidas no presente livro da coleção Tembetá.

ENTRE-VISÕES

Ailton, estamos chegando aos 30 anos da Constituição de 1988, no momento em que vivemos um ataque frontal a muitas das conquistas presentes nela, entre elas as referentes aos direitos indígenas. Como podemos se mobilizar frente a isso?

Eu me lembro que quando a gente estava na década de 1980, mobilizados em torno dessa ideia dos direitos civis e da construção de um contrato social que seria essa Constituição, eu ouvia muita gente dizendo que uma constituição deveria ser um documento para sempre. Eu tinha trinta e poucos anos de idade e queria acreditar que aquilo era um contrato para sempre. Mas no fundo do fundo do meu coração, eu sentia que aquele documento era um documento circunstancial. Ele valia por algum tempo. E agora está se mostrando que ele está vencido do ponto de vista do consenso. Quando você não tem um consenso, não adianta se ter um documento. Parece com a situação de se governar por decreto. Decreto é um ato de poder. A constituição é um consenso. Se ela está sendo rasgada pela maioria das pessoas que tem representação nos poderes da República, significa que aquele acordo social está sendo denunciado pelas partes. Alguns de nós se sentem aviltados por isso, ofendidos. Mas tem muita gente que acredita que ele está vencido. Essa parte de nós que acha que esse documento precisa ser respeitado, ser validado, precisava se levantar então e fazer ele ser respeitado. Não adianta só ficar reclamando.

E como conseguir mobilizar nesse momento de desgaste e dispersão?

Eu não sei. Eu me sinto tão abismado com as coisas que estão acontecendo 30 anos depois da Constituição, essa falta de expressão de cidadania, essa alienação das pessoas. Todo mundo está rendido com o trabalho, o mercado. A desagregação é total. Na Venezuela também estamos vivendo essa desagregação, com a convocação de uma constituinte menos de 20 anos depois da última. Parece que as constituições na América Latina agora tem prazo de validade. Então se as constituições são assim tão efêmeras nós temos que pensar que tipo de sociedade que nós queremos.

Por outro lado, assim como há 40 anos, quando a resistência indígena ganhou força frente a um forte ataque do governo e da sociedade aos seus povos, hoje está crescendo um interesse de parte da sociedade por essa luta. Como você o paralelo entre esses momentos?

Eu não me sinto animado a considerar esses exemplos de situações de desorganização social como lugar ideal para produzir nada. Na verdade é quando as pessoas estão mais desesperadas e mais sem referências que as pessoas acabam se mobilizando para buscar algum contrato. Algum entendimento. É muito ruim a gente pensar que nós vivemos desses fluxos, que temos que sofrer um atropelamento para ser capaz de produzir uma reflexão sobre a nossa sociedade. Na Venezuela, no Equador, na Colômbia, já aconteceram debates onde se discutiu a ideia da questão nacional como um Estado plurinacional. Esses países já se anteciparam à nossa realidade brasileira, discutindo inclusive a questão da representação política. Como é que se dá a representação política desses povos. Nós aqui estamos atrasados demais em relação a todo esse debate. E talvez a nossa omissão em relação a esse debate é que tenha colocado a gente na crise que estamos vivendo hoje. Crise de paradigma mesmo do que se chama de democracia. O Estado está totalmente capturado, a sociedade civil está abobalhada e os negociadores estão mais ativos do que nunca. A pirataria está franca.

Você acompanha há muito tempo as lutas dos povos indígenas em outros países. Como tem visto esta luta em comparação ao Brasil?

Eu tenho observado que a referência da maioria dos povos que foram reunidos nessa configuração de Estado-nação ainda guarda uma ideia sobre esses arranjos que é datada. É uma concepção do século XIX, que teve alguma validade ainda no século XX, mas que com o evento real da globalização do planeta e do capital transnacional atravessando todas as fronteiras, continuar pensando nessas fronteiras de Estados nacionais é ficar com um modelo vencido na cabeça, achando que você vai restaurar essas relações na base do contrato, na base do acordo. Era melhor admitir que nós estamos vivendo no planeta Terra, que se constitui hoje um campo comum, onde as disputas não tem mais fronteiras. Se no final do século XX a gente já tinha concluído que o capital não tem fronteira, agora a gente tem que entender que a política também não tem fronteira. Então se você pretende fazer um arranjo político dentro das fronteiras digamos do Brasil, da América Latina, você está iludido, porque você vai ser impactado pelo que acontecer na Ásia, na África, na Europa, na América do Norte, e isso vai mudar a base do contrato que foi feito regionalmente, localmente. Nós assistimos isso em sequência. Desde a década de 1980, 1990, nós estamos vendo isso. De certa maneira, quando a gente fez a Constituinte de 1988, deveria ser a última ilusão sobre esse formato.

No próximo mês vai completar 30 anos da sua intervenção na constituinte, quando discursou pintando seu rosto de negro em sinal de luto. Como você vê as diferenças da luta de então em relação à atual?

Acredito que mudou muito tudo. Como estava falando daquele evento global, ele nos obriga a pensar se aquele formato de mobilização e de organização que tínhamos na União das Nações Indígenas, por exemplo, continua tendo a mesma eficácia, o mesmo potencial no ambiente que nós vivemos hoje. O ambiente que nós vivemos hoje não tem aquele contorno de um Estado-nação onde uma minoria étnica ou um complexo de minorias étnicas formavam um pensamento panindígena para se colocar e ter voz dentro de um arranjo político geograficamente concentrado. Se as fronteiras do Estado-nação estão diluídas, nós temos que repensar também o lugar dessas demandas étnicas. O arranjo hoje é global. Tanto que nós temos um documento que se chama Declaração Internacional dos Direitos dos Povos Indígenas. Dos povos originários. Ela vale para o mundo inteiro. Ela não vale só para o Brasil, ou para a Colômbia, ou para os Estados Unidos. Se alguns dos governos desses Estados-nações são signatários daquele documento, significa que aquele documento é internacional. Então eu penso que os povos originários, esses povos indígenas, eles já estão sabendo que o fórum para esse debate não é mais regional. Ele é internacional. Ele diz respeito às agências globais. As comissões da ONU, da OIT. O Conselho de Direitos Humanos da ONU passou a ser o lugar para apresentar a agenda desses povos. Não é mais uma agência do Estado brasileiro. As agências do Estado já foram todas desacreditadas. E desautorizadas. No caso do Brasil então isso é muito patente. Então organizar uma demanda para um lugar que historicamente era uma referência para isso, que era o Estado, já não faz sentido. Temos que pensar em outros termos.

De certa forma, esse foi o movimento que vocês já fizeram na segunda metade dos anos 1980, quando foram buscar recursos em organizações internacionais para a mobilização indígena. E naquela época vocês sofreram muita resistência, o discurso de que as organizações sociais internacionais eram aparelhos para desestabilizar o Estado-nação brasileiro e tudo o mais...

Sim, mas era outro momento. Um momento em que a gente acreditava que poderia potencializar um movimento aqui dentro, no Brasil, e dar visibilidade para ele através de um apoio financeiro de fora. Mas a ideia ainda era pressionar as agências aqui dentro. O que eu estou dizendo agora é que não tem agências aqui dentro. O pensamento agora é global. Então é outro momento mesmo. Em todos os sentidos. É um momento que pressupõe que mesmo que a gente se mobilize por apoios, esses apoios não são mais para cristalizar uma ação direta, local, regional. Ela tem que ser discutida no fórum global. Nós estamos destruindo o planeta, não estamos acabando com uma vila, um bairro ou uma região. Nós estamos ameaçando o planeta.

Alguns anos atrás, você declarou que a Funai deveria ser extinta. Como você vê essa questão hoje?

Eu acredito que o tempo já fez essa transformação. Essa alquimia, digamos. Já diluiu o que tinha que ser extinto. Tudo virou pó. Ou líquido. Tudo já se diluiu. Não é mais nem objeto do meu questionamento se o Estado brasileiro tem uma ou outra agência. Na verdade, o Estado brasileiro está em franca dissolução. A própria estrutura da ideia de um Estado republicano está em questão porque os três poderes da República já desceram a ladeira. O Executivo, o Judiciário, o Legislativo. Eles estão desmoralizados diante da opinião pública, diante do consenso geral. E salvo uma ou outra pessoa totalmente alheia à realidade do país em que vive, a sociedade já sabe que essa divisão dos poderes da República e sua equidade estão em questão. A gente não tem só que repensar um contrato social. A gente tem que repensar o tipo de sociedade que queremos ser. E nesse caso eu não vejo muito sentido em insistir num discurso de minoria. Temos que fazer um discurso das maiores minorias. Se você juntar todas as minorias que estão sendo assaltadas, nós vamos concluir que é uma vasta maioria.

O que você está falando é de um espaço comum de debate. A construção do comum...

O comum grita por sentido. No momento em que há a tentativa, ou a tentação, de sequestrar tudo o que é possível ser compartilhado no interesse comum para o interesse particular. Privado. As corporações tem franqueado o livre acesso às paisagens, aos rios, às florestas, às montanhas, como se fosse uma prioridade delas. E o interesse comum foi totalmente subordinado. Uma ou outra pessoa ainda levanta a voz para falar do interesse comum. E quando faz isso, é visto como um cara perdido no tempo. Como se nós tivéssemos, todo mundo, já participado de uma largada para acabar com o bem comum. Eu não vejo no debate regional na América Latina, muito menos no Brasil, ninguém levantando a voz pelo interesse comum. Ninguém. Nem uma pessoa, nem uma instituição. Ninguém. Então seria uma convocatória inútil insistir com as pessoas para o bem comum. Se você parar 30 pessoas no meio da rua, se conseguir reunir 30 pessoas numa praça e perguntar para eles o que é que nós temos de comum que gostaríamos de proteger, ficará abismado com o tipo de ignorância que as pessoas tem do bem comum. Houve um tempo em que as pessoas achavam que uma calçada, que uma praça, um jardim era o bem comum. O que já é uma ideia medíocre do bem comum. Nem isso você vai encontrar apoio hoje. Muita gente vai achar que uma praça ou um parque podem virar um shopping, um estacionamento, alguma coisa que dê negócios. Eu posso estar muito desiludido com essa ideia do interesse geral pelo bem comum, mas é uma coisa que eu atesto no convívio com as pessoas. Especialmente aqui no Brasil, essa ideia do bem comum está tão avassalada que as pessoas literalmente estão cuspindo no prato que comeu.

A questão da aliança, que é tão cara para o seu pensamento político, como entra nisso? Que convocatória é possível para se criar uma pauta possível para se entender essas questões?

Parece que uma eleição de linhas de pensamento que pudessem estabelecer uma pauta comum já seria um esforço criativo interessante. Mas tem muita pouca gente a fim de fazer isso. Mas talvez fosse uma primeira tessitura assim para criar um ambiente do que você recuperou agora como uma ideia de uma aliança. O último reduto dela hoje eu acho que é o campo da aliança afetiva. Essa aliança afetiva se dá no ambiente do reconhecimento mútuo de determinadas identidades, de determinadas comunidades, que tem uma possibilidade ainda de solidariedade mútua, mas muito frágil no que tem de matéria para ser barganhada. Por isso que eu falo que é mais afetiva. É mais na confiança de uns nos outros que essa possibilidade de aliança tem sobrevivido. Porque do ponto de vista das instituições, elas não tem mais essa permeabilidade. As instituições estão todas enclausuradas, cada uma na sua. E com uma hipocrisia, uma indiferença radical se a outra está falindo ou não. Não tem solidariedade. Nós acostumamos, pelo menos até o final do século XX, a virada deste século, de que uma mobilização de pessoas, de ativistas, conseguissem contaminar, contagiar as instituições. Fosse a universidade, o sindicato, as associações de classe, os trabalhadores, os artistas. De que de dentro para fora se conseguisse vazar uma solidariedade que desse base para uma aliança de interesses digamos assim temporários. Para se construir um projeto comum. Se essas instituições hoje estão todas blindadas, voltadas para dentro delas mesmo, enclausuradas nos seus interesses e pouco interessadas na sobrevivência uns dos outros, significa que esse fluxo entre instituições, pessoas e organizações está empobrecido. Eu fico muito preocupado com isso. Porque se olharmos em volta, é difícil puxar uma mobilização.

A esquerda brasileira viveu uma ideia muito forte nos últimos tempos de que se poderia fazer as mudanças necessárias por dentro do poder. De certa forma, isso vem desde a redemocratização, e se consolidou com a chegada do Lula na presidência, em 2003. Ao mesmo tempo, você criou a formulação de "índios NO poder", o "NO" significando um não poder, um contrapoder. Como você vê isso?

O professor Boaventura de Souza Santos, junto com e o grupo dele lá na Universidade de Coimbra, tem uma abordagem destas questões que separam Norte e Sul que são as epistemologias do Sul, onde se considera que tem uma linha que corta reto entre aqueles países que colonizam o resto do planeta e aquela periferia do planeta que tem o destino de ser saqueada. E que não existe comunicação entre essas duas bandas. O Sul precisa expressar a sua potência, a sua capacidade, a sua visão de mundo, ao invés de ficar querendo compor com essa fronteira intransponível. Durante muito tempo essa ideia de cooperação Norte-Sul foi alimentada. Aquela ideia do Fórum Social Mundial, onde todo mundo ia para lá pensar a possibilidade de troca, de solidariedade, acabou se demonstrando não-efetiva. O saque continua sendo feito sobre uma parte do planeta em favor da concentração da riqueza em outra. A desumanização dessas relações, do sentido da cultura, da importância das diversidades das culturas e da diferença de ideias, tudo isso foi sendo esvaziado e banido. Nós estamos todos sendo botados numa mesma prancha entre os que mandam no planeta, os que controlam os fluxos do planeta, e os outros povos que continuam sendo subordinados.

A realidade do Brasil, depois de inaugurar uma experiência de distribuição de renda, de abrir para novos sujeitos sociais interagirem, trazer 20, 30 milhões de pessoas que viviam abaixo da linha da pobreza para o mercado, abrir acesso à informação, botar na universidade uma parte dessa população que estava excluída, criar fluxos entre as classes, foi brutalmente interrompida, com o Estado cortando tudo, a classe política inteiramente rendida ao mercado financeiro, ao capital. A ideia de que o Brasil tem que suprir o mundo, aquela velha ideia de que nós somos o celeiro do mundo, tomou conta, retomou as linhas tradicionais do colonialismo, e nós estamos dentro mesmo dessa coisa abissal. Nós somos a parte do mundo que está condenada ao subdesenvolvimento e a reproduzir a força de trabalho em condições análogas à escravidão, com nossa paisagem disponível para ser assaltada para suprir a demanda do mercado internacional. Não tem outro jeito de olhar a nossa realidade do que criticamente. Senão a gente vai ficar com ilusão, achando que nós vamos fazer um arranjo regional, eleger alguém esclarecido que vai retomar o processo de organização do Estado, de investir em desenvolvimento, em cultura. Ficar alimentando esse tipo de ilusão sobre a nossa realidade próxima dá mais força para o pensamento conservador que está invadindo o nosso cotidiano.

E o não-poder, aí?

Então, o "índios no pueden", no sentido de não-poder, sugere que a gente deveria pensar outras formas de fazer o que nós chamamos de política. Se índios estão fora daquele poder que está na representação política, que está no concerto do que chamamos de República, de democracia, quem tem capacidade de reflexão, de debate, deveria abrir um diálogo sobre outras formas de auto-governo, de auto-gestão, de organização comunal, outras formas de combinação, outro tipo de desenvolvimento. Que desenvolvimentos nós queremos? Ou nós queremos envolvimento com o lugar que nós vivemos? A gente foi colonizado pela ideia do desenvolvimento. Será que não está na hora da gente pensar em envolvimento com o mundo que nós compartilhamos? Se a gente buscar o envolvimento, talvez volte a dar sentido para os povos originários, as suas formas de organização, seu jeito de pensar o bem-estar, seu jeito de pensar o que é necessário para a gente viver. Precisamos pensar que tipos de assentamentos humanos que nós precisamos, que podem ser diferentes das cidades com seus shoppings, seus viadutos, avenidas, metrôs. Todos esses equipamentos caríssimos que concentram muita riqueza nas cidades e pobreza no resto. Que opõe cidade à natureza, floresta, campo. Que tira todo mundo da agricultura, no sentido de subsistência, de agricultura familiar, para trazer para o concerto dos mercados, onde todo mundo é consumidor, ao invés de ser um cidadão. Na verdade nós fomos iludidos com a ideia de que estamos sendo engajados no processo cidadão, quando na verdade estávamos sendo engajados no processo de consumidor. Estávamos sendo habilitados para consumir. E destituídos de qualquer sentido de responsabilidade, de participação, de engajamento cidadão. Parece que à medida que foi se ampliando o poder de compra, de participação das pessoas com o mercado, nós fomos alienando as pessoas do mundo.

Acredito que já temos como quase uma constatação óbvia a comparação entre esse lugar de consumidor e os lugares onde os povos originários ainda tem governança e tiram da natureza o que precisam, e que seguem com uma experiência criativa de filhos da Terra, com confiança que a Terra supre as nossas necessidades. Seja na Europa, seja nas Américas, todo mundo sabe que esses povos tem um jeito de estar na natureza que dispensa o que é o mundo do mercado. Essa constatação está inclusive na cabeça das corporações. Quando a Body Shop, ainda na década de 1990, queria o óleo da castanha dos kayapó para botar nos cosméticos dela, era porque ela sabia o simbolismo que tinha para o consumidor em Londres ou Paris usar um óleo que veio de um lugar que tem origem pura, que é uma medicina da floresta. Então isso mostra que até o mercado sabe o valor disso. Mas os governos, as agências que promovem o avanço sobre esses territórios, não tomam isso como alguma coisa que pode mudar o paradigma da relação com a mercadoria, com o consumo, com o mercado. E avançam sobre esses territórios quase que ao termo de colocar em risco a própria sobrevivência daqueles povos originários que ainda são capazes de reproduzir a vida em posição de equilíbrio dentro da natureza.

Então o que está em risco, na verdade, não é só o mundo da mercadoria, que vai entrar assim numa espécie de erosão, ou de implosão de sua própria dinâmica. Mas é levar junto com ele os outros mundos, aqueles mundos possíveis. Isso seria aquilo que alguns teóricos chamam de guerra de mundos. Tem um debate sobre a guerra entre mundos e a possibilidade de constituir outras relações apoiadas na cooperação, na solidariedade, nos afetos. Essa hipótese é uma ideia que está mais no campo do pensamento, porque ela não detém as ferramentas, ela não detém os meios. O que o velho Marx chamava de meios de produção. Os meios de produção continuam determinando que tipo de mundo nós podemos compartilhar. Nós queremos pensar no bem comum, nos interesses comuns. Mas os meios de produção e reprodução do capital não estão subordinados à nossa lógica. Eles estão subordinados a outra lógica, da concorrência, da dominação e da reprodução de toda experiência de concentração de riqueza que nós conhecemos na história dos últimos 200, 300 anos. O nosso querido Antonio Nobre diz que isso vem acontecendo desde a revolução industrial. E a gente acelerou tanto esse processo que nós estamos chegando num ponto de saturação. Na medida em que a Terra não vai poder suprir toda demanda que está sendo ampliada, e os recursos que a gente poderia pensar como comum estão sendo exauridos. E nós teremos uma situação de carência total.

E como buscar soluções? Atualmente existem movimentos até literários,como o Solarpunk, que é o contrário do Ciberpunk, e que busca lidar com as soluções possíveis, e não com a distopia. E tem uma frase do Colin Wilson que diz que o tipo de história que se conta permeia o tipo de mente de um povo. Se for puramente distópica, leva esse povo ao imobilismo. O que você acha disso? Que história contar?

Eu acredito que nós estamos tocando a ideia de narrativas. Qual a narrativa que nós gostaríamos de eleger para a humanidade? Que história nós queremos contar? Os povos do planeta inteiro, em diferentes lugares, em diferentes continentes, guardam memórias, são capazes de evocar memórias de um mundo generoso, de um mundo largo que poderia acolher todos os nossos sonhos de realização. Mesmo que esses sonhos de realização fossem opostos. Uma dessas narrativas mais próximas da gente é aquela que animou o grande movimento de circunavegação da virada do 1400 para o 1500, lá atrás, quando os portugueses saíram na frente daquela corrida que deu em chegar na África, na Ásia e aqui na América. Aquela narrativa, aquela visão era de um mundo em expansão. Um mundo expandido, onde tinha muita riqueza, onde tinha Édens a serem habitados e descobertos. Muito alentador e muito bonito a gente olhar próximo do tempo que estamos vivendo hoje, na história da humanidade, que tão pertinho da gente teve uma hora que essa humanidade, há 500, 600 anos atrás, tinha todo esse universo em expansão, para sonhar, para pensar mundos. Mesmo que a gente reconheça que uma parte dessa jornada foi feita contra o sucesso dessa narrativa promissora, porque houve muita perda de energia, muita negação dos outros povos que foram encontrados, alguma coisa de verdadeiro aconteceu confirmando essa narrativa de um mundo em expansão.

Acontece que com o evento da industrialização e da aceleração das novas tecnologias e da nossa capacidade de abordar o planeta como um circuito fechado, também se animou algumas ideias em espíritos autoritários sobre imprimir a dominação sobre esse mundo em expansão. A ponto da gente ter chegado a um projeto como aquele de guerra nas estrelas, que o Reagan, a Margaret Tatcher apoiavam entusiasmados, de que assim iria se reconfigurar um outro tipo de realidade planetária. Foi gasto muita energia, muito tempo com essa coisa toda, e hoje pouca gente acredita que a gente possa resgatar a narrativa de um mundo em expansão, a possibilidade de outros mundos que atendam a demanda de vida para milhões de pessoas que estão excluídas no mundo inteiro do essencial para comer, para beber. Tem muita gente excluída do que é fundamental para um ser humano sobreviver. Os chamados direitos fundamentais do homem.

Eu me sinto muito convocado pela realidade, e pelo sentimento de que seria egoísmo a gente se alienar de milhões de pessoas que estão sofrendo situações de privação no planeta e acenar com uma utopia de mundo recomposto. Mesmo que pela poesia. Talvez pelo quanto eu estou comprometido pelo sentido da vida mesmo, não só da Terra, mas dos humanos, das pessoas. Me interessa os seres humanos. Me interessa esse jardim, que é a Terra em que nós vivemos, mas me interessa também os seres humanos. Eu acho que nós estamos numa equação muito difícil, porque nós pesamos a nossa pegada sobre o planeta que compartilhamos. Nós pesamos de uma maneira tão irreversível que se a metade da população do planeta desaparecesse no próximo ano, nós ainda assim iríamos demorar muito tempo para a febre do planeta baixar.

O meu povo krenak vive à margem de um rio que se chama, no mapa do Brasil, Rio Doce. Ele está em coma. Tem gente que diz que ele morreu. São 650 quilômetros de uma bacia hidrográfica plasmada de lama tóxica. E todo mundo sabe que foi uma atividade econômica de muito lucro que derramou o lixo dela sobre o rio. Dizem que ele está morto. Para os krenak, ele está em coma. Assim como uma família espera seu avô em coma despertar e voltar a conversar, sentar, contemplar, os krenaks esperam aquele rio dar algum sinal de vida. Se a gente pensar o planeta, a febre do planeta, e o tempo daquele rio para ele sair do coma, mesmo que a metade da população global descesse na próxima estação, nós ainda iriamos demorar 20 ou 30 anos para aquele rio e o nosso planeta ao menos voltar para a temperatura normal.

Se voltar. Olha o custo que seria isso. Ninguém pensa isso. Claro que não. Porque nós achamos que sempre cabe mais um. Sempre pensamos que o planeta vai suportar todas as nossas ambições.

Isso não é uma narrativa derrotista sobre a nossa presença aqui na Terra. Ela é um despertar crítico sobre o que é que nós estamos fazendo aqui. Há muito tempo atrás eu dei um exemplo dessa superlotação dizendo que era como se nós estivéssemos todos viajando numa canoa, e alguns de nós começaram a sentir frio e pegaram o facão e tiraram um pedaço da canoa para fazer uma fogueirinha. Era justo, e solidário, porque afinal estavam com frio, por que não tirar um pedacinho da canoa para acender um fogo? Aí um outro passou um pouco mal e cagou e vomitou na canoa. Mas era normal, ele passou mal, não tinha como não cagar e vomitar na canoa. Daí um outro tirou mais um pedacinho, também. Acontece que no interesse de cada um de nós, mesmo que justificado e solidário, nós estamos afundando a canoa e vamos ter, todo mundo, que nadar. Essa parábola da canoa, ela não mudou para mim. Nós estamos cada vez mais incidindo sobre o corpo da canoa, pelas nossas demandas, e sobrecarregando nossa carga. E fazendo isso no automatismo, sem pensar.

Então quando alguém faz uma crítica que pode parecer apocalíptica sobre nosso futuro comum, a audiência vira e pensa: "nossa, será que ele não tem uma história bonita para contar para a gente". Como eu disse, em muitos lugares da Terra povos continuam tendo a memória de um mundo rico, próspero, dadivoso, que podem contar de gerações em gerações como a Terra é próspera. Mas nós não temos uma narrativa que diz como a humanidade é próspera. A nossa narrativa sobre a humanidade é que ela é mesquinha, medíocre e está cada vez mais se comprovando miserável. Não adianta a Terra ser próspera.

Você organizou o festival Aldeia SP de cinema indígena. Qual o papel do cinema para se pensar essas outras narrativas?

Isso que a gente chama de comunicação, que é a possibilidade de narrar e ser ouvido. Isso que a gente está fazendo aqui. Quando a gente precisa alcançar ouvidos que estão mais longes, olhos que estão mais longes, a gente potencializa isso, usando rádio, usando cinema, usando escrita, que é a maneira mais antiga de fazer isso. Diferentes linguagens fazem esse serviço de mensageiro. As experiências que nós fizemos de usar diferentes meios para abrir janelas e difundir narrativas sobre diferentes visões de mundo, sobre desejos, expectativas de mundo, foram prósperas. Encontraram audiência. A experiência da mostra de cinema, com muitos narradores indígenas animados em contar histórias de diferentes lugares, continua no ar. Alguém de qualquer lugar do mundo pode abrir e ver uma menina tukano contando uma história da tia dela na roça cultivando diferentes tipos de maniwa, fazendo beiju e mostrando uma culinária fantástica, rica, tirada da natureza, tirada da terra. Mostrar ritos, mostrar festas, mostrar potências de vida de diferentes lugares daqui dessa banda do mundo.

As novas tecnologias facilitam muito a difusão dessas ideias. Mas eu acredito que elas não estão conseguindo fazer o essencial, que é acalmar o olhar das pessoas, amaciar a audição das pessoas, para que essas mensagens falem ao coração. É como se a gente estivesse trabalhando com uma estética do excesso. Excesso de texto, excesso de imagem, excesso de informação, de som, chapando tudo. E pouca reflexão, tempo para ouvir, pensar, ler. No sentido de viver mesmo, não só de olhar. A recepção dessas mensagens, dessa comunicação, é essencial. Só a emissão não é o suficiente. É preciso de recepção. Alguém do outro lado, ouvindo essa canção, é necessário.

Estava lembrando da questão tão tratada pelo Roberto Piva, da diferença dos deuses dos desertos e dos deuses da floresta, que os primeiros vivem na falta, tendo que saquear todos os recursos que encontram, e os outros na abundância. Você vê sentido nisso?

Vejo se pensarmos que os deuses são nós mesmos. Culturas e povos, civilizações que se constituíram em diferentes paisagens e com sua expressão de estar aqui na Terra, seja no deserto ou nas florestas do planeta, expressando a sua natureza. No sentido de que não existe separação entre humanos e aquilo que a idade moderna chama de natureza. Nós somos natureza. Essa separação de cultura e natureza talvez seja mais importante do que deuses do deserto ou deuses de outras paisagens. Porque na verdade somos nós mesmos. Essa humanidade complexa e dualista, que gosta de dividir o mundo entre bem e mal, bom e ruim, possível e impossível. É a humanidade que gosta fazer isso. E que é capaz de atribuir às paisagens a razão de seu destino. Nós estaríamos na verdade culpando as paisagens de onde nós surgimos como uma matriz responsável pelo tipo de coisa que estamos fazendo cada um nos seus lugares. O que seria uma boa maneira de nós escaparmos das nossas responsabilidades e colocá-las em alguém, nem que seja em deuses. Eu acho que a questão é mais simples. Nós somos responsáveis pelas escolhas que fazemos, seja vivendo no deserto ou na floresta mais densa e fantástica. Nós somos responsáveis. Não podemos escapar dessa criando uma narrativa que nos possibilita atribuir a culpa aos deuses. Isso aí era quando estávamos na infância da humanidade, quando não tínhamos desvelado um pensamento crítico sobre nós mesmos, que nos permite olhar o rastro que deixamos por onde passamos.

Eu sei que tem gente que ainda põe em dúvida essa constatação de que estamos vivendo uma era no planeta que é identificada como Antropoceno. Mas se você deixa um rastro tão fundo como um dinossauro, ou mais fundo que um dinossauro, depois de pisar numa laje de pedra, como é que você quer despistar esse rastro? O Antropoceno é isso, está dizendo que estamos fazendo um rastro profundo. Se quisermos voltar para trás e dar uma abanadinha com a folha para tentar apagá-lo, não vai dar. Porque um rio que você envenena pode demorar cem anos para sozinho voltar a ter resiliência. Se restaurar. Alguns partes do oceano que viraram ilhas de plásticos, tartarugas e baleias que aparecem sufocadas pelo lixo, arquipélagos inteiros destruídos pela nossa falta de cuidado de se comportar aqui, tudo isso é marca grave. É o Antropoceno. Então ou nós, humanidade, assumimos a nossa responsabilidade por esse rastro e tomamos alguma decisão, fazemos alguma escolha, por exemplo sobre quanto plástico nós queremos jogar para as baleias e as tartarugas engolirem e morrerem, quanto petróleo vamos queimar, ou teremos problemas.

Eu não sou um profeta do apocalipse. Sou apenas uma pessoa que sei onde é que estou. E sei a que distância o céu está da minha cabeça. Se não tivermos sensor, vamos acordar logo mais com a canoa afundando, com o céu caindo. Eu não fico feliz de constatar essa realidade que eu considero ser global. Eu não consigo mais, meus amigos, fazer nenhum debate pensando em Brasil, América Latina, Hemisfério Sul. Quando eu estou conversando sobre alguma coisa, eu penso como alguém que está em algum lugar do planeta Terra. Eu não consigo pensar num lugar separado do resto do mundo. Tudo o que eu fizer aqui, tem consequência no mundo inteiro. Eu tenho consciência disso. Eu não sei o que vou fazer dessa consciência. Mas sei que tem gente por aí que não está nem aí, que não se preocupa o quanto destrói o mundo. Mas eu não consigo pensar em nenhuma escolha minha que não tenha consequência planetária.

Então talvez isso seja um tipo de narrativa boa que ainda temos para compartilhar. Tem um evento que eu gostaria de anunciar para vocês, que será crescente a expansão dessa consciência da humanidade de que tudo o que fizermos aqui agora tem consequência no planeta inteiro. E quando essa consciência estiver difundida, e assim como o Leo, filho do Sergio, já sabe disso, que os meus filhos já sabem disso, ela vai mudar o nosso padrão energético, nossa pegada aqui na Terra, e dar abertura para a gente ver outros mundos além desses que a gente já demarcou.

SOBRE-VISÕES

Diante dessa oportunidade de compartilhar uma visão sobre esse "Índios em Movimento", que, na verdade, é uma maneira poética de se referir a uma iniciativa de organização política de uma parte do nosso povo aqui no Brasil, que são essas populações historicamente nomeadas como índios ou como povos indígenas, eu, desde que fiquei com esse compromisso de estar aqui, fiquei pensando qual das centenas de abordagens que a gente poderia fazer numa conversa dessas, que trouxesse alguma visão organizada sobre o assunto. O Daniel Munduruku, que é um escritor indígena que tem tratado desse tema na literatura, na tese de doutorado que escreveu ele ouviu a geração do Álvaro Tukano, Eliane Potiguara, Marcos Terena, eu mesmo e alguns outros nessa faixa de 60 anos, um pouco mais, um pouco menos. É interessante considerar essa faixa de idade, a não ser que a gente inclua nessa faixa também o Mario Juruna [Xavante], que vem com uma década de antecedência. Vamos pensar em 60, 70 anos.

Então, nos últimos 70 anos, sujeitos que foram se revelar potenciais tradutores de uma visão sobre a nossa presença na sociedade brasileira, na relação com o Estado, nessa fricção que, como disse o Álvaro, queimou algumas milhares de vidas... Ele deu uma estatística que o Darcy Ribeiro já insistia nela, que de 6 a 10 milhões de vidas foram consumidas nessa fornalha da conquista. Mas eu estou pensando num tempo mais próximo, estou pensando no século XX, na República, de quando o Brasil deixou de ser colônia e inaugurou a organização de um Estado e, a partir do Rondon e dos colegas do marechal Rondon elaboraram uma ideia sobre o que fazer dessa gente que sobrou dessa conquista colonial. O marechal Rondon foi, talvez, o mais ilustre brasileiro a gastar a sua vida pensando em como criar alternativas àquele ritual de caçar os vencidos e tomar seus territórios, quando ele forjou aquela conhecida expressão: "Morrer se preciso for, matar nunca". Não é isso? É uma frase cheia de sentido, mas, principalmente, é uma frase cheia de significado romântico. E como eu decidi fazer uma abordagem romântica desse evento, do movimento indígena, eu vou ficar com a frase do Rondon como uma espécie, assim, de lema.

O Estado brasileiro, sob essa inspiração, atravessou a primeira metade do século XX mordendo e assoprando os índios. Mordendo e assoprando, nós chegamos até a década de 1940, 1950, quando o Brasil precisou dar um passinho à frente, feito aquele aviso que o cobrador dá dentro do ônibus: "Um passinho à frente". E com esse passinho decidiram tirar a capital do litoral e colocar Brasília no Planalto Central. Quando decidiram colocar Brasília no Planalto Central, a catraca deu mais uma volta sobre essa população meio à margem do que era a economia. A economia ainda um pouco de transição, da situação que o Brasil estava vivendo. Mas foi quando os irmãos Villas-Boas saíram aqui de São Paulo também, pra atravessar o Rio das Mortes e achar os parentes da Severiá Idiorê, do povo Karajá, deixando o povo do Álvaro lá na cabeceira do Rio Negro por mais um tempo. Mas também atravessaram para conhecer todos os povos que a gente conheceu depois, quando a gente entra em contato com os povos que vivem na bacia do Rio Xingu, principalmente aqueles que vivem onde hoje é o território do Parque Indígena do Xingu. Esses povos todos experimentaram esse contato fulminante e alguns deles chegaram a perder 70% da população total. Acho que a maioria das pessoas aqui tem contato com essa literatura e sabe que se a gente tivesse seguido naquele ritmo dos anos 1940, 1950, 1960, mesmo com o lema do Marechal Rondon, que já tinha perdido muita influência, já tinha perdido muita força na inspiração da política indigenista do Estado brasileiro, os povos indígenas teriam sido aniquilados. Então viva o Rondon. Porque o Rondon, pelo menos, fincou um bastão no chão e disse: "Olha, enquanto esses povos estiverem ainda se preparando pra sofrer o contato com os brancos, nós precisamos criar um resguardo para eles."

É dessa ideia que é um resguardo para os índios que surgiu essa concepção de Terras Indígenas. As Terras Indígenas, do ponto de vista conceitual, dos fundamentos, digamos, da argumentação jurídica, histórica, formal, para convencer um legislador, para convencer uma autoridade representante do Estado de que tem que reservar um lugar onde esse povo pode esperar o amadurecimento com o contato com as frentes de economia, com as frentes de agricultura, de pecuária, esse avanço das fronteiras internas do país, os fundamentos disso vieram dessa ideia, de que os índios iam evoluir, se sobrevivessem, para um contato adequado, protegido, com o resto da sociedade brasileira.

Então, de cara, se admite que o contato com a sociedade brasileira é um contato perigoso, que poderia causar uma grande mortalidade. Esse resguardo durou algum tempo, mas quando a gente estava virando a década de 1960 pra 1970, a crise das nossas relações foi tão brutal e tão violenta, que todas as regiões indígenas estavam sendo invadidas por caçadores, por garimpeiros, por madeireiros, por todo tipo de aventureiro que não tinha nenhum limite no avanço sobre esses territórios. Levavam epidemias, causavam mortalidades, e havia casos de ocupação intencional de grandes faixas de terra, que eram originalmente terras indígenas, por empresas daqui do Sudeste, inclusive bancos. Bancos começaram a ocupar terras na Amazônia, no Mato Grosso. Disputavam inclusive esse território último que era o Xingu. Não vou dar a lista dos bancos, mas eles estão aí. E alguns dos nossos ilustres empreendedores do setor privado aproveitaram o vacilo do Estado e a ausência de uma política clara sobre o que fazer com esses povos originários e marcharam sobre seus territórios descaradamente, constituindo grandes latifúndios. Inclusive os territórios onde eles estão matando os Kaiowá e Guarani agora, no Mato Grosso do Sul, foram roubados nas décadas de 1940 e 1950 e titulados por cartório. Ao serem legalizados, aquelas pessoas que antes tinham tomado na marra a terra passam a ser ilustres empreendedores que levam o progresso para essas áreas remotas do país.

Os grandes empreendedores, todos eles, quase que sem nenhuma exceção, se apropriaram de terras, territórios originalmente indígenas. E, a partir do final da década de 1960 e 1970, as lideranças indígenas que ainda estavam capazes de olhar o entorno perceberam que tinham que sair de dentro das suas terras, das suas aldeias, e começar a bater perna pelo Brasil. Buscar aliados, descobrir onde encontrar parcerias e fazer esses primeiros movimentos de circulação pelo país. Ainda tímidos – porque era sair do Mato Grosso para vir à Brasília, ou sair de Goiás ou de Tocantins para ir ao Rio de Janeiro. Ir no Museu do Índio, ir em alguma dessas universidades, no Museu Nacional, atrás de alguns pesquisadores, alguns antropólogos, alguns amigos entre os brancos que poderiam dar alguma pista para eles sobre o que fazer para barrar aquele genocídio.

Tem um jornalista chamado Edilson Martins que na década de 1970 publicou um panfleto chamado "Nossos índios, nossos mortos". Mais ou menos na mesma ocasião o Zelito Vianna fez um filme chamado "Terra de Índio". Tanto "Terra de Índio" quanto "Nossos índios, nossos mortos" são dois libelos acusatórios contra a política assassina do Estado brasileiro contra os povos originários, a política criminosa que até aquela época não tinha se configurado ainda numa acusação formal junto aos fóruns internacionais como o Conselho de Direitos Humanos da ONU ou como a OEA. Só na década de 1980 é que a OEA foi admitir uma primeira reclamação contra o Estado brasileiro, acusado, numa corte internacional, de práticas de genocídio, no caso contra os Yanomami. Porque realmente os Yanomami estavam sendo trucidados. Uma população de 14 mil Yanomami estava convivendo com 8 mil garimpeiros. Garimpeiros tarados por ouro e armados até os dentes, com seus colegas senadores e alguns governadores da Amazônia financiando esse assalto a uma das últimas das grandes regiões naturais do continente americano, que é aquele território Yanomami na fronteira com a Venezuela.

Ora, espremidos feito pasta de dente, alguns desses sujeitos começaram a sair de suas terras. Gente como Mario Juruna. Antes dele, Celestino Xavante – obrigado, Álvaro, por me ajudar a lembrar de alguns de nossos orientadores, dos nossos inspiradores, antes da nossa geração. O Marçal de Souza, lá no Mato Grosso do Sul – que entra na lista daqueles que foram assassinados na porta de casa... Porque quando o Álvaro fez aquela menção, ele não estava fazendo um comentário geral, ele estava falando de algumas pessoas que foram realmente assassinadas saindo de sua frágil casa. No caso da habitação que o Marçal Tupã-Y lá no Mato Grosso do Sul, era uma casa em que, do lado de fora, você via quem estava lá dentro, através de varas. Pois bem, o camarada deu um tiro de 12 nele. Ele era uma pessoa tão frágil que quase não sobrou nada. E esse pistoleiro que veio do Paraguai, que veio para matar no Brasil, ele só estava fazendo uma velha prática. Porque nas fronteiras do Brasil, os tomadores de terra dos índios podiam contratar pistoleiros vizinhos, que vinham até o Brasil fazer seus crimes e voltavam para os seus países. Sumiam. Nosso judiciário não caçava eles. Nosso sistema legal não tinha como buscar esses caras, e nós éramos abatidos como borboletas – para pelo menos usar uma imagem poética, porque quero fazer uma abordagem romântica do negócio.

Esses assassinatos fizeram com que algumas pessoas, dentro de algumas famílias, assumissem essa tradução da dor que estávamos sentindo, da falta de perspectiva sobre o outro dia, o dia de amanhã, que fizeram com que alguns de nós começassem a bater perna. Quando a Igreja Católica sentiu também o bafo da ditadura, ela percebeu que não podia ficar só conversando com a classe média e distribuindo hóstia na paróquia. Ela tinha que olhar esse povo que estava sendo comido pelas beiradas. E começou a trabalhar e criou a pastoral indigenista, o CIMI, o Conselho Indigenista Missionário, criou a pastoral da terra, que é o CPT, a Comissão Pastoral da Terra. Os sindicatos começaram a se movimentar, e foi nesse ambiente, nos sindicatos, aa pastoral indigenista, aas comunidades de base, que gente como o Daniel Cabixi, que é quase da mesma geração, talvez alguns anos um pouquinho mais velho do que eu e o Álvaro, e alguns outros que vamos lembrando ao longo da conversa, alguns dos nossos padrinhos, que começaram a circular.

E de lá se originou essa ideia mais fixa sobre índios em movimento. Porque, a maioria de nós, quando começou a sair de casa, saiu de casa porque estava sendo enxotado, e tinha que ir para algum lugar. Esse ser expulso de casa acendeu alguma luz em alguns sujeitos mais críticos, que saíram para identificar um território, identificar um potencial inimigo, se organizar em relação a isso e estabelecer algumas estratégias. Eu, o Álvaro, o Marcos Terena, o Idjahure Karajá – que foi homenageado pelo meu querido MacSuara Kadiwéu quando deu o nome do filho dele de Idjahure, esse moço que está aqui ouvindo a conversa.

O Idjahure, o pai dele quando pôs o nome dele foi por causa de um guerreiro da nossa geração, que saía de lá da aldeia dele em Santa Isabel, lá no Bananal, do povo Karajá. E começou, com pessoas mais velhas, como o Domingos Veríssimo Terena, lá do Mato Grosso do Sul, como os nossos parentes lá do Sul. O Ângelo Cretã, que assumiu uma vanguarda daquele movimento, mas que além da pessoa potente que ele foi naquele momento, tinha outros parentes também que se ergueram, porque os Kaingang estavam sendo asfixiados. O Nelson Xangrê também foi importante. Alguns desses homens, que quase dá pra contar nos dedos, foram os poucos líderes indígenas que saíram das suas aldeias, muits vezes desorganizando a vida doméstica, porque largavam suas esposas, seus filhos, seus filhos pequenos... Eles não estavam dentro de nenhuma estrutura, sindicato, igreja, nem de nada. Eles tinham que fazer suas roças, se virar para comer e alimentar os seus filhos.

O seu coletivo estava sendo apertado pela colonização, pelas madeireiras e pela própria agência do governo, que era o antigo Serviço de Proteção ao Índio, que tinha sido pensado pelo Rondon para ser de proteção, mas que com o desmantelamento do núcleo de pensadores do SPI, foi se transformando, na verdade, em um aparelho perigoso, que arrendava as terras os índios, alugava os índios como mão de obra e sumia com as lideranças que iam surgindo nesses territórios onde o SPI tinha jurisdição. Tanto que a Comissão Nacional da Verdade acusa o

SPI de ter sido conivente com a ditadura e de ter se antecipado à ditadura, torturando os índios, criando milícias. Como foi o caso, por exemplo, do povo Krenak, que sediou um centro de reeducação, um reformatório para índios. E todas as lideranças indígenas rebeldes que tinha pelo país eram agarradas, levadas como prisioneiras lá para nossa reserva e eram submetidas a uma disciplina militar. Sendo que uma das ideias que esses tarados queriam fazer era constituir uma guarda rural indígena, com o extrato desses índios torturados virando policiais, para aplicar a ideologia policial deles nas aldeias. Algumas das nossas reservas indígenas, nas décadas de 1970 e 1980 no país, tinham milícias dentro da reserva indígena. E essas milícias eram chefiadas pelo Serviço de Proteção ao Índio, ou pelos caciques que tinham sido corrompidos por essa política do Estado. Então era ácido puro derramado na nossa cabeça.

Ora, eu era um rapazinho que não conseguia enxergar muito além das montanhas que cercava aquela região do Vale do Rio Doce, quando nossa família teve que migrar, porque a barra estava pesada onde a gente vivia. Entrei em contato com outras lideranças indígenas, busquei refúgio inclusive aqui em São Paulo, nos parentes Guarani daqui da Serra do Mar, Parelheiros, onde eu fui encontrar alguns dos nossos xeramõi, os anciões Guarani, alguns dos nossos padrinhos. Os pajés que nos recebiam davam orientação para aquela nova geração, mostravam que o nosso caminho era diferente do caminho da política dos brancos. Eles diziam que nós não tínhamos nada a ver com a política dos brancos. De uma maneira muito simples, eles balizavam a nossa visão sobre fazer algo que fosse espontâneo, respondendo às nossas necessidades e realidades locais e regionais, e não nos afiliando a nada da política daquela época. E nós não nos afiliamos mesmo. Eu nunca me filiei a nada, de sindicato, de partido, de nada. Nenhuma ideologia dessas carimbadas. Assim como muitos da nossa geração nunca tiveram um vínculo direto com essas estruturas.

O Darcy Ribeiro, que era um camarada muito inventivo, achou que estava na hora fazer um de nós virar deputado. E, ali pelo final da década de 1970, ele começou a trabalhar a ideia do Mario Juruna, com a espontaneidade dele... Porque ele tinha liderado um movimento vitorioso de resistência contra os fazendeiros no Mato Grosso do Sul. Ele conseguiu liderar todas as lideranças xavante que tinham uma briga contra grandes latifundiários que estavam se apropriando do território deles no Cerrado. Em Xavantina, lá do lado do Rio das Mortes, na Serra do Roncador, aquela região ali onde hoje ficam só algumas das poucas reservas Xavante. Porque o entorno, na verdade, virou tudo soja... Mas aquilo tudo é terra indígena. Inclusive as fazendas legais, elas foram roubadas dos xavante, nenhuma foi comprada.

É igual àquela história do carneirinho, o carneirinho tava bebendo água na cabeceira de um rio, daí chegou um lobo: "Olá, carneirinho! Então é você que está bagunçando aqui a cabeceira do rio?". E o carneirinho: "Não, lobo, que isso, eu cheguei agora, eu sou um carneirinho novinho, sou um filhote." O lobo disse: "Ah, então foi o seu pai!" E o carneirinho: "Mas o meu pai nunca veio aqui..." E o lobo: "Ah, então foi o seu avô!". Então, pegando a parábola do carneirinho e do lobo, se vocês conhecem alguém que tem um latifúndio no Mato Grosso, se não foi ele, o pai dele ou o avô dele, alguém roubou dos índios e passou pra ele. Porque os índios não deram nem venderam, então, alguém roubou. Tomou matando, assaltando. Mas isso é a história também da colonização do Brasil, até aí não se alterou nada nessa narrativa.

Quando o movimento indígena ou os índios em movimento estava em fricção, e não fazendo política, organização do pensamento, ele estava reagindo, assim como alguém que leva uma martelada no joelho e chuta. Então, nós somos um movimento reflexo. E, como um movimento reflexo, começamos a erguer a perninha e a andar pelo país. Alguns de nós mais dedicados andaram uma boa parte do país. Foi o meu caso, o do Álvaro e de mais alguns dos nossos parentes. Não tem aquela história de que correram com os lobos? Nós somos a geração daqueles que correram com os lobos. Então nós fomos bater perna lá no meio dos Kiriri, no sertão da Bahia, que estavam sendo também aniquilados. Lá nos Potiguara, na Baía da Traição, lá nos Kaingang também, na fronteira com a Argentina. E os territórios disputados à bala, onde nos encontrávamos escondidos para conversar com as lideranças e algumas lideranças recebiam a gente com medo, porque eles diziam: "Vocês vieram aqui conversar com a gente e quando vocês saírem o chefe de posto vai dar uma dura na gente." Algumas lideranças foram derrubadas depois de uma visita nossa, porque nossas visitas eram consideradas contágio. Porque a gente ia dizer para os nossos parentes que eles não tinham que obedecer chefe de posto. O chefe de posto não é autoridade, é servidor, ele tinha que estar ali pra assistir e apoiar aquela comunidade. E a gente era tão legalista que levava o Estatuto do Índio pra ler pra eles. Eu ficava ensinando a lei 6.001, de 1973, para os parentes que não sabiam ler.

Eu lia o Estatuto do Índio, que é muito anterior ao Estatuto da Criança e do Adolescente, que só surgiu em 1990, uns 20 anos depois do Estatuto do Índio. Essa lei 6.001 é uma lei muito interessante, porque dá um resguardo para que os índios se defendam, e obrigava o Estado a proteger os índios nos âmbitos em que os índios não pudessem se representar. Isso foi interpretado como tutela, e muita gente que queria sacanear os índios se apropriava desse lugar de tutela só pra abusar dos índios. Foi aí que nasceu o sucessor do SPI, que é a Fundação Nacional do Índio, que existe até hoje. E que é uma excrescência, porque o fato de existir a Fundação Nacional do Índio aind no século XXI significa que o Brasil perdeu. Perdeu do ponto de vista moral, perdeu do ponto de vista histórico e perdeu do ponto de vista político.

O Estado brasileiro deveria pedir desculpas, chamar esses povos indígenas, suas lideranças, seus conselhos de representação, suas autoridades, chefes como o nosso chefe Raoni, e dizer: "Como vocês querem que o Estado se organize para conversar com vocês? Em que língua vocês querem que a gente fale com vocês?" Antes do princípio de que eles vão falar com a gente em português, ou inglês, e nós vamos ter que enfrentar uma escolinha pra entender o que eles estão falando. Então é uma conversa de mudo com surdo, ou de surdo com mudo. Porque, na verdade, o Estado não quer conversar. O Estado quer, de cima pra baixo, imperar sobre nós. E que a gente atenda o comando do Estado.

Nós somos povos, como disse o Álvaro, nós somos povos de muita diversidade. Temos cosmovisões, percepções de mundo e ideias de autonomia tão diferentes uns dos outros, mas nós todos temos em comum uma compreensão de que nós não aceitamos que o Estado brasileiro decida como uma aldeia nossa se organiza, como uma aldeia nossa decide e delibera. Nem como educamos nossos filhos ou como queremos continuar as nossas práticas, a herança cultural dos nossos antepassados. Quem põe valor na herança dos nossos antepassados, para cada um dos nossos povos, somos nós. Não é um agente do governo, não é uma instância da administração do Estado ou do governo. E o Estado brasileiro continua tratando a gente como primitivo, o Estado brasileiro continua mantendo a mentalidade do século XIX de que nós estamos evoluindo e que um dia estaremos aptos para compreender os comandos do Estado e a adotar as políticas públicas do Estado e sermos domesticados, digamos assim, por esse aparato político, financeiro, do Estado, que se apropria dos nosso territórios e gradualmente vai nos despachando para um outro lugar, que é um lugar nenhum. Se ao menos fosse para algum lugar real – é para lugar nenhum.

E nós estamos nesse movimento ou nessa movimentação reflexa, experimentando uma situação que diria que foi muito próspera, porque de 1988 para cá, a experiência do Mario Juruna na década de 1980, que foi uma experiência de ver o que é o parlamento brasileiro, e sair dali chamuscado – é como se nós tivéssemos sacrificado uma pessoa ilustre do nosso povo pra ver como funciona a política do branco. Ele saiu de lá incinerado. Então a gente viu como a política do branco incinera caráteres, incinera pessoas e como ela é um sorvedouro de gente, de pensamento. Mesmo os brasileiros mais ilustres que já passaram por lá, e vocês têm um aqui, que é o Eduardo Suplicy, saem chamuscados. A última notícia que eu vi do Eduardo foi ele sendo chutado por um policial da Polícia Militar de São Paulo como se ele fosse um saco de batata. Então, um homem da estatura do Eduardo Suplicy ser tratado dessa maneira acintosa mostra que importância tem o nosso parlamento. Eu queria que vocês dessem uma salva de palmas para o Suplicy. [O auditório ressoa em palmas.] No mínimo gesto de desagravo, um brasileiro ilustre que não pode ser enxotado dessa maneira por gente tão medíocre e miserável.

Pois bem, os índios sempre foram chutados como sacos de batata. Nós sabemos como dói, por isso que a gente sente a dor dele também. Olha, e ele não é um camarada que podia ser considerado suspeito. Ele é um rapaz de boa origem, de boa índole, um caráter exemplar, uma formação que não deixa a dever a ninguém. Se ele não serve pra representar a defesa pública dos direitos do povo brasileiro, quem é mesmo que pode ocupar o parlamento brasileiro? Que qualidade de gente será que serve para ficar lá? Então, os índios têm que passar longe dessa representação política formal. Talvez seja por isso que índios em movimento continua experimentando uma dispersão feito casa de marimbondos...

Na semana passada os Yanomami fecharam uma rodovia que dá saída lá pra Venezuela, e obrigaram a não realizarem uma portaria que estava na iminência de mudar todo o estamento, de mudar tudo o que foi construído no subsistema da saúde indígena, com suas virtudes ou defeitos, mas os caras iam dar um golpe de mão e sumir com o orçamento do subsistema da saúde e fazer desaparecer em algum lugar, numa mágica qualquer.

O movimento indígena, nessa situação de coma, que é a vida civil do Brasil que a gente está vivendo, conseguiu fazer esse governo recuar, numa resolução ou numa portaria que ia meter a mão nessa mínima assistência que os povos indígenas se asseguraram com muita luta. Então isso significa que "índios em movimento" pode acontecer em Mato Grosso do Sul, em Roraima, no Amapá, no Pará... Parece que há dois ou três dias atrás, em Belém, no Pará, o movimento indígena ou os índios em movimento ocupou também uma das instalações, não sei se do DSEI, o Distrito Sanitário Especial Indígena ou da SESAI, a Secretaria Especial de Saúde Indígena, lá em Belém, e essa capacidade de surpreender, de fazer presença das aldeias nos lugares, nos centros de decisão da burocracia do Estado, essa criatividade, essa vitalidade que índios em movimento segue tendo, ela só me anima a acreditar que eu dediquei uma parte da minha vida ao que podia fazer melhor, que era animar os meus parentes a ficar de pé e não entregar os nossos territórios para essa corja de vândalos que querem nos civilizar na marra. Nós somos civilizações antigas, a gente não nasceu ontem. Aquele canto cerimonial que abriu o nosso encontro aqui, ele é um canto que fala de lugares sagrados no cosmos. Quando nós falamos da terra, nós não falamos de um sítio, de uma fazenda ou de um latifúndio, nós falamos do planeta, como um organismo vivo. Nós somos filhos desse organismo vivo. E nós ficamos de pé. E é por isso que ano passado, quando estava todo mundo nervoso com as mobilizações, dizendo que nós estávamos mesmo na iminência desse golpe, perguntavam como que a gente recebia isso, eu respondia: "De pé." Porque é o jeito que a gente sabe ficar.

O que a Vale e a Samarco fizeram, em conluio com os órgãos de fiscalização, é um crime. Não foi um acidente o derrame de lama em Mariana.

No Rio Doce, a minha vida de menino foi cheia de aventuras com meus irmãos e uns 40 ou 50 primos.

O sobrenome Krenak veio da minha família indígena, o povo krenak, que vive no Vale do Rio Doce, divisa do Espírito Santo com Minas Gerais.

Eu nasci num córrego chamado Itabirinha. Lá tem uma reserva indígena onde vivem umas 100 famílias krenak.

Elas estão bem no rumo desse derrame que a mineração fez a 400 km da cabeceira do rio, mas que desceu até o mar e chegou ao Espírito Santo.

No rio Doce, tenho mais de 50 anos de lembranças. Nossa família, juntando netos, bisnetos, tataranetos e todos os outros, dá umas 70 pessoas. Todos viveram e nasceram ali.

Meus filhos cresceram indo para a beira do rio e conversando com ele, assim como também fazia a minha mãe, a avó deles.

Quinze dias antes de acontecer esse derrame, minha mãe sonhou que tinha ido à beira do rio. O Doce pediu a ela que não entrasse na água porque estava envenenada.

Depois do que aconteceu, ela fica lá olhando para o céu com o olho estatelado com um ar de "meu mundo acabou".

Minha mãe é a matriarca dessa aldeia. Nasceu ali e criou uma grande quantidade de filhos, netos e tataranetos na beira do rio.

Agora, pergunta a eles: "Vocês não vão fazer nada, não? Eles mataram o rio. Vão ficar olhando?"

Para os krenak, o rio Doce tem vida, é uma pessoa. Falar dele é como se referir a um antepassado. Ele tem o dom de curar as pessoas, de alimentar a imaginação e os sonhos. É onde batizamos as crianças.

É lógico que não é só um corpo d'água. São paisagens, montanhas. É uma região inteira onde o povo krenak construiu suas aldeias no começo do século XX, quando ali só tinha mata.

Essa vertiginosa tomada pelos empreendimentos, que chegaram devorando a paisagem, culminou com esse envenenamento do rio.

Agora, todos os moradores estão com a mesma sensação de impotência e frustração diante da omissão do sistema de controle e gestão que deveria estar articulado em situações como essa, de crime ambiental.

O pessoal nas aldeias está até hoje com o rebanho parado. É a atividade que dá sustentabilidade à reserva, uma área pobre, apesar de ser berço da mineração.

A totalidade dessas famílias vivia da pesca e da criação de gado. Há 10 anos, produzem leite e vendem para uma companhia de laticínios. A produção foi gravemente afetada. Estão tentando se recuperar, mas parte do rebanho morreu.

Acabaram com o território e com a vida dessas pessoas. Agora, jogam a pá de lama.

O sentimento que impera entre as famílias é um pouco de prostração e revolta.

As pessoas mais atingidas são vulneráveis e não tem como reagir à altura, porque estão diante de agressores que são muito mais fortes e poderosos.

É como se eles fossem grandes demais para levar uma multa e ir para a cadeia. É um adversário desproporcional. Que tamanho de multa vai afetar a Vale e a Samarco?

No caso de responsabilidade criminal, vai prender quem? É uma corporação, prende todos os diretores, todos os fiscais?

Os mais jovens tem dito que sentem que roubaram o futuro deles, acusam essas corporações de serem ladras de futuro.

Isso vai expulsar muita gente daquela região. Outra consequência será a desvalorização de tudo que construíram ao longo da vida. Quem vai querer comprar uma propriedade onde os animais não podem beber água do rio?

A sensação é que estamos em um país sem governo. Isso cria uma sensação de injustiça grande. É uma indignidade o que fizeram com o rio.

Eu já fui ao Japão, à Europa, aos Estados Unidos, já andei pela América Latina, entrei em lugares que só doidão, guerrilha mesmo, anda. Fui a reunião do Banco Mundial, na ONU, na CIA, na KGB.

Para mim, esses lugares todos não têm importância nenhuma, porque o lugar mais bacana do mundo é o rio Doce.

Não há mais vida no rio, está estéril, cheio de minério.

Nossa vida sempre foi marcada pelo ritmo da natureza. Lembro da minha infância, quando tinha enchente, a água trazia árvores.

Nessa época, não tinha percepção sobre coisas de meio ambiente, mas sabia que estavam roubando alguma coisa impagável e tirando da gente algo de valor inestimável.

Hoje, sei que eles estavam acabando com as nossas nascentes, com as nossas águas, com os pássaros, com os bichos que amo.

Se não tivessem tirado a mata das terras altas do Vale do rio Doce, as nascentes iam continuar produzindo muita água boa e limpa, que iam cair na calha do rio e com o tempo "água mole em pedra dura, tanto bate até que fura". Acontece que tiraram as matas.

Meu desejo é cheio de esperança de que a natureza nos surpreenda e reabilite o rio.

Duas vezes por semana, o caminhão-pipa passa nas casas e nos núcleos de produção de leite e enche grandes caixas d'água. É o suficiente para cozinhar, beber, lavar as coisas e dar água aos animais.

Mas é uma situação de acampado. Ninguém vive assim, a não ser nos campos de refugiados da ONU, nos acampamentos dos sem terra em lugar flagelado. É situação de emergência.

Os responsáveis por isso estão fazendo mitigação. Foi feito um resgate de algumas espécies que vivem nas margens e nos rios.

Para as famílias que vivem de pesca, foi criada uma ajuda financeira. Aos que tiveram seus rebanhos envenenados ao tomar água do rio, vão avaliar o prejuízo para indenizar depois.

Tem uma cerca isolando o limite inteiro da reserva com o rio para que o gado não chegue na água, porque se chegar vai morrer lá dentro.

Parece que as mineradoras querem ficar só nisso, vão enrolar, enrolar, até que todo mundo esqueça, que tenhamos uma tragédia ainda maior. Isso é revoltante.

Estamos articulados para reagir a essa ação e não vamos ficar na beira do rio prostrados. Os krenak estão o tempo todo berrando para mostrar que estão descontentes. Estão resistindo, porque amam o lugar em que vivem e têm histórias.

Ailton, você é um dos grandes criadores da resistência indígena no Brasil. Gostaria de saber como é que você pensa a aliança. O que é fazer aliança para você? Qual é o fundamento de uma aliança?

Uma questão é determinante para essa visão das possíveis alianças: o tempo histórico que eu e minha família experimentamos ali na virada dos anos 1950, 1960, um tempo relacionado ao modo como o Estado brasileiro tratava uma parte dessa população, desses povos que ficaram pelas beiradas do processo de integração, de colonização. No caso dos povos indígenas, havia uma clara orientação das políticas de Estado para fazer desaparecerem o pensamento, as formas de sociabilidade, de comunidade, as formas de vida que esses povos conheciam. Isso resultava uma violência muito grande para um conjunto difuso da população da sociedade brasileira, na zona rural principalmente, e também nos centros urbanos, por conta da negação, a esses sujeitos, de alguma potência, alguma expectativa de futuro. Então, para um menino que nascia em um meio desses, olhar o processo de organização da nossa sociedade era um desafio enorme, porque ele, na verdade, enxergava uma muralha de ignorância à sua frente, uma muralha de negação da sua possibilidade como sujeito. E a pedra sobre a qual uma pessoa dessas podia se apoiar para olhar o mundo era limitadíssima; era uma pedra dura, estreita, que no arranjo político, na coisa fundiária, na política de estado, reduzia aquele lugar da aldeia indígena, da reserva indígena, a alguns cantos que sobraram para que essas famílias tivessem uma economia de subsistência. É um processo de confinamento mesmo. Olhando desse lugar, você podia ficar prostrado, se deprimir, se suicidar, virar alcoólatra, pirar ou se agarrar a uma resistência ditada pelas histórias, pelas narrativas, e ficar reproduzindo os recursos que você tinha, as técnicas de mexer na roça, de manter aquela economia de subsitência, sentindo essa pressão externa incômoda. Ou então podia tentar abrir alguma brecha nessa muralha de ignorância, de negação. E essa brecha a ser aberta apareceu para mim como uma invenção. Uma invenção mesmo, pois não era uma prática que eu conhecia, era uma invenção de novas relações. O vizinho mais próximo que tínhamos era o cara que mais negava a nossa existência. Você estava ali disputando a água, em pasto, disputando a água dos nossos córregos para fazer agricultura. E a indústria que estava chegando nos ameaçava também de uma maneira muito mais intensa e muito mais impactante. Isso vai esboçando uma escala de riscos, de ameaças no entorno do nosso mundo. O desafio de enxergar além dessas fronteiras sociais, de abrir relação com esse mundo daqui de fora, com a igreja, a missão, a religião, a política, o trabalho... era uma quase impossibilidade total. Eu olhava essa muralha toda e ficava tentando dimensionar o outro lado. Pensava em quem é que estava nesses luares, quem estava saindo da cidade para vir em nossa direção, e o que a gente ia receber, como é que a gente podia responder a essas pressões todas. E entre fugas e tentativas de contato, tentativas de troca, de aproximação, fui construindo algumas ideias sobre alianças.

A marca fundamental dessa relação é o conflito. O tempo inteiro uma pegada pesada do mundo exterior, com pouca colaboração, com pouca aceitação e muita revolta também, muito sentimento de injustiça, de perda. E olhar o mundo dessa perspectiva não oferece muitas aberturas, não apresenta muitas rotas para caminhar. Eu me neguei muito cedo a ficar observando as janelas só como se fossem rotas de fuga. Eu não queria tomá-las desse modo, mas queria eleger algumas dessas saídas como uma possibilidade criativa de interação com o que viesse pela frente. Em vez de o mundo ser só fechadura e impossibilidade, em vez de ele ser cheio de trancas, ele passa a ser cheio de janelas. Essas janelas todas vão ganhando um sinal positivo, de possibilidade de troca. Então, aliança na verdade é um outro termo para troca. Eu andei um pouco nessa experimentação até que consegui avançar para uma ideia de alianças afetivas – em que a troca não supõe só interesses imediatos. Supõe continuar com a possibilidade de trânsito no meio de outras comunidades culturais ou políticas, nas quais você pode oferecer algo seu que tenha valor de troca. E esse valor de troca supõe continuidade de relações. É a construção de uma ideia de que seu vizinho é para sempre.

Você acha que existe uma diferença entre a maneira como os brancos e os ameríndios veem essa ideia de relação, de conti-

nuidade da relação? Como você sente essa diferença ao longo da sua vida?

Eu percebi muito cedo que esse mundo que a gente chama de mundo dos brancos, que pode ser o Ocidente, imprime marcas no mundo, abre rotas, e essas rotas são movidas por um interesse de saquear o roteiro. É um roteiro que vai saqueando o caminho. Ele não semeia o caminho, ele só colhe. Ele saqueia o caminho. Percebi isso muito cedo. Há trinta, quarenta anos, eu já tinha esse entendimento sensível, as relações que eram estabelecidas nesse caminho, nesse trajeto, não tinham investimento para que durassem. Eram todos casamentos temporários, casamentos de circunstância. Passado aquele primeiro movimento, as relações pessoais passam a supor que as pessoas sejam descartáveis. Você descarta certas pessoas e vai buscar outras, e nesse mote vai acessando recursos. As pessoas são só uma passagem para alcançar algum outro lugar, algum outro acesso. Elas não contam em si, não dão tempo, não possibilitam a construção ou a formação de ideias, o estabelecimento de afetos que não busquem um objetivo imediato, que possam prosperar e constituir um ambiente criativo, de invenção, de criação no sentido mais prazeroso, em que os afetos são espontâneos. Em que o tempo, a ideia do tempo seja determinante para o espaço, uma espécie de dilatação do tempo. Dilatar esse tempo ordinário das nossas relações e possibilitar a criação de vazios para as visões, para os sentimentos das pessoas, para as elaborações que um coletivo pode ter sobre aquilo que é o sonho. Aquilo que é sonho. E realmente continuo observando que o pensamento do branco, como diz o meu querido Davi Kopenawa Yanomami, é cheio de esquecimento. Esse esquecimento é percebido na pouca duração das relações que tal pensamento consegue sustentar. Como ele não consegue sustentar relações por tempo indeterminado, num tempo aberto, você acaba demarcando o tempo das relações. Quando você tem uma experiência de dilatação do tempo, começa a pensar em períodos muito mais abertos. É quando o meu pensamento consegue tocar uma ideia que vai além da percepção de um sítio, de um território, de determinado lugar na geografia, e começo a pensar nesse ambiente que nós compartilhamos, que é a Terra, que é um planeta. Quando seu espírito alcança essa compreensão, como uma criança que está começando a conhecer o alfabeto, a conhecer os primeiros exercícios, ela também começa a expandir a percepção e a capacidade de universalizar o seu discurso, de alcançar outras galáxias. Isso, para mim, é o que eu poderia experimentar como uma ideia de cosmovisão. Não é uma visão total, ela é uma visão aberta. Sei que algumas pessoas consideram que cosmologias são visões fechadas. Já ouvi inclusive amigos nossos dizendo que "são sociedades que têm uma visão total, uma visão totalizante da realidade". Essas sociedades conseguem perceber o mundo que se justifica para sua vida, para sua existência. Mas não conseguem atinar com os outros mundo além desse, por causa da sua natureza essencial, mesmo. Vão ficar pensando naquela biosfera deles, na complexidade dos seus mundos, mas não vão perceber as outras conexões. O desafio que eu tive que encarar foi o de admitir a existência de inumeráveis mundos que circundam, que se articulam e que se comunicam com o mundo em que eu transito.

As possibilidades de aliança não se dão só no plano das relações sociopolíticas, no plano das ideias, no que é possível estabelecer de colaboração entre uma nação e outra, entre uma sociedade e outra. Quando eu vou a um riacho, a uma fonte, naquela nascente, eu estabeleço uma relação com ela, converso com ela, eu me lavo nela, bebo aquela água e crio uma comunicação com aquela entidade água que, para mim, é uma dádiva maravilhosa, que me conecta com outras possibilidades de relação com as pedras, com as montanhas, com as florestas. Eu estou desenhando, pintando duas colunas. Descobri que eu queria desenhar um relâmpago, porque nós temos um canto de pedir chuva, um canto que invoca o poder do trovão e do relâmpago pra fazer chover. E como eu já ganhei o acesso a esse trono, a esse poder do trovão, do relâmpago, eu canto o canto dele, e ele vem, eu tenho uma visão dele. Então me deu vontade de desenhar o relâmpago. Quando você vê essas colunas, vai ver que tem um relâmpago ali. As relações não são percebidas como potência que ocorre só entre pessoas, no sentido comum em que nós entendemos as pessoas, as relações humanas, as relações sociais. Elas são alianças com muitas outras potências que estão dadas, que são possíveis. O raio, a chuva, o vento, o sol, a brisa, as paisagens. Aliança é troca com todas as possibilidades, sem nenhuma limitação.

Essa atividade de estabelecer relações, de criar alianças, é uma das grandes características da atividade dos pajés ou xamãs.

Qual é a diferença entre o trabalho de um xamã em uma aldeia, de um xamã com o Lourival, sogro do Davi Kopenawa Yanomami, por exemplo, e a sua atividade?

Não há uma diferença fundamental. O que pode parecer diferente talvez seja a circulação desses negociadores. Eu me surpreendi com o Lourival. O Davi disse, quando retornou uma vez de uma viagem, que tinha ficado com uma impressão terrível do estrago que as tecnologias dos brancos e o desenvolvimento das grandes cidades na Europa, na América, estavam fazendo na face da Terra. Então o mestre dele, o iniciador, que é o sogro dele, disse: "É isso mesmo que você está dizendo. Olha aqui, isso que você está dizendo está relacionado com isso, isso e isso", e mostrou todos os outros circuitos queimados que estavam acontecendo pela Terra toda, nos oceanos, na atmosfera, nas paisagens que você pode perceber como montanhas, como geleiras. Ele disse: "O xapiri já me mostrou tudo". Então, aquele pajé que fica lá na aldeia já foi em todos os lugares possíveis.

Já tem acesso aos mundos inumeráveis.

É, a todos esses possíveis lugares que eu poderia acessar, ele já foi. Ele pode me dar instrução sobre todos esses lugares, porque ele se dedica o tempo inteiro a isso. E ele disse, inclusive, que quando está acordado ele vê esses eventos acontecerem, e quando ele está dormindo, também. Então, quando está dormindo e quando está acordado, ele acessa esses mundos o tempo todo. E não é nenhuma experiência separada do cotidiano. No cotidiano, eles estão fazendo o que eu faço, só que eu faço me movendo entre esses ambientes, entre esses lugares, essas culturas, pegando um avião, descendo em Lisboa ou indo para a França ou para o Japão ou para os Estados Unidos ou para o Canadá. Ele não precisa pegar um carro, um avião para ir a esses lugares. E ele vai antes de mim, porque quando vou relatar para ele uma experiência, ele me diz: "Sim, sim, eu vi isso".

Se bem que os xapiri também tem alguns veículos até mais ágeis do que os aviões, não é?

É, eles têm veículos, a gente não consegue nem atinar com a complexidade deles e sua capacidade de movimentação. É como se pudessem ser simultâneos, estar aqui e em qualquer outro lugar. Eu não consigo, claro. A minha experiência nunca me possibilitou acessar essa multiplicidade de contatos. Eu mencionei que há trinta, quarenta anos tinha percebido essa ruptura, essa coisa que a turma do Boaventura de Souza Santos chama de "abismo", essa coisa abissal que é a separação do pensamento no Ocidente. Esse pensamento pegou uma escola e foi fundo nela, essa escola da negação da possibilidade da água, de uma montanha ou de uma pedra estabelecer qualquer tipo de comunicação com o humano, a ponto de criar uma distinção entre humano e não humano. Uma distinção tão radical que sugere que humanos somos nós, que podemos imprimir a nossa marca sobre tudo o que nós achamos que não é humano, os oceanos e todos os seus trilhões de vidas, as paisagens todas da Terra, que nós pensamos poder derrubar, cortar, podar, plainar. Nós podemos fazer paisagens, desmontar paisagens, tirar uma montanha daqui, levar para lá. Ora, essa técnica, essa eleição da técnica como um deus do pensamento do branco, foi tão radical que está imprimindo neste lugar que nós compartilhamos, a Terra, uma marca tão profunda que pode inviabilizar a nossa experiência de continuar vivendo aqui, pelo menos da forma que os antigos humanos a conheceram... Essa coisa de a Terra nos acolher, embalar os nossos sonhos, suprir as nossas necessidades de alimentação, de ter ar para respirar, de ter paisagens que comovem, entendeu? Vamos passar a ser uma única paisagem. Ora, se virar única, então não é paisagem. A natureza da paisagem é a pluralidade, a diversidade, é a sucessão. As paisagens se sucedem, ou então não são paisagens. Quando nós acabamos com todas as paisagens da Terra, nós entramos em coma. Então, aquela ideia de dilatar o tempo... dilatar o tempo é não deixar isso acontecer. Cantar e dançar para suspender o céu, que é uma experiência comum a muitos povos no planeta inteiro, é dilatar o tempo. Quando você canta e dança e suspende o céu, você está dilatando o tempo.

E então as alianças acontecem.

É quando se dilata o tempo, porque se não acontecer essa dilatação do tempo, só haverá relações de usuários. Nós estamos aqui para usar o mundo, e as nossas relações interpessoais são relações utilitárias. Aí, você fala assim: "Ah, mas eu não tenho nada para trocar com ele. Você já foi para tal lugar no mundo? Não, porque eu não tenho nada para trocar com ele". Como não tem nada para trocar? Talvez seja por isso que existe aquele provérbio, que diz que "ninguém é tão pobre que não tenha nada para dar", assim como é impossível que exista alguém tão rico que não precise de mais nada. Isso significa que o mundo das trocas, das colaborações, é aberto. Ele não tem limite. O mundo não faz esse movimento por você. Lá atrás, no começo da minha formação, dessa minha formação quase autodidata, de tatear o mundo, lá, tateando o mundo, quando percebi o mundo como uma muralha de negatividade, fiz um movimento de transformar essa muralha em trilhões de janelas de aliança, de troca, de possibilidades. É mudar o sinal. Você muda o sinal da negatividade para a possibilidade, você passa a considerar isso comunicações potentes.

Como é que se produz um pensamento? Ailton, em um contexto de destruição das próprias condições de produção do pensamento? Você fala de um tempo em que cada vez mais as alianças e os vínculos ficam comprometidos pela inexistência progressiva de uma paisagem. Como é que se produz pensamento em um contexto adverso?

Eu imagino que o leito por onde esse pensamento pode seguir ou prosperar é um leito marginal à via do pensamento do Ocidente. A literatura dos séculos 19 e 20 enunciava uma revolução no mundo, dizia que o mundo iria experimentar essa mudança. Era uma mudança que iria alcançar um termo que seria a humanidade. Chegamos até a projetar a ideia de uma humanidade comum, uma humanidade espalhada por aí, por todos os continentes. Então, lembramos do Millôr Fernandes, que dizia que "nós somos todos humanos, só que alguns são mais humanos que os outros". Então, se teve um momento em que conseguimos pensar que éramos uma humanidade, rapidamente descobrimos uma camada sobreposta a essa ideia de humanidade, que sugere que nem todos são tão humanos assim. E aí começamos a separar em lotes o planeta, onde há direitos que são para todos, que são humanos, depois há direitos para os mais ou menos humanos, e, finalmente, há lugares em que não cabem nem os direitos humanos, porque aquela gente não vive em estado de humanidade. Mas quem foi que decretou que existe um estado de humanidade? De onde veio essa ordem divina que disse: "Tem um grau aí que é de humanidade. Lá tem direitos humanos. Tem outro grau, ou degrau, onde estão os sub-humanos". Então, é uma seleção que não é natural, é uma seleção arbitrária das desigualdades humanas, das desigualdades entre os povos, entre todos nós. E, nessa escala de desigualdades, essa gente que ficou com o apelido de índios – seja aqui nas Américas, seja na África ou no norte da Europa –, sofrem a segregação cotidiana do seu pensamento, da sua visão, das suas ideias sobre o mundo e são constrangidos a ficar nos seus guetos, a professar suas visões de mundo nos seus guetos. Eles podem fazer até a sua literatura, eles podem fazer até seu cinema, eles podem ser selecionados para uma mostra internacional, alguns podem até mesmo ir para uma feira de literatura em Berlim, em Nova York, mas eles vão com a chave de que são étnicos. Eles são um quadradinho, uma gaveta dessa humanidade. Eles não têm acesso ao fluxo que as outras humanidades experimentam. A preponderância da política sobre esse pensamento e o domínio da economia sobre essas mentalidades justifica a violência que é impressa nesses povos estigmatizados por terem um pensamento acerca do tempo, acerca da propriedade, acerca do acesso ao que seria o comum. O comum é a Terra. A Terra é comum, o planeta é comum.

A margem esquerda do Rio Doce foi posta em coma por duas ou três corporações que atuam na Austrália, no Canadá, nos Estados Unidos, no Brasil, que têm escritórios na Europa. Quando reúnem seu conselho de acionistas, escolhem um lugar como Londres, bem longe daquela gente que eles podem afetar com suas práticas, para que essa gente não vá lá atrapalhar a conversa deles. Essas ações, essas intervenções, acontecem no campo do saque daquilo que costumamos chamar de recursos naturais – a floresta, os rios, as montanhas. Eles estão exaurindo o campo das alianças. É como se você retirasse o oxigênio do planeta. É por isso que não dá para pensar que as alianças sejam possível entre todos esses diferentes mundos, essas humanidades e sub-humanidades, porque foram postas em diferentes mundos. Se outros mundos são possíveis, então precisamos continuar a perguntar sobre qual é a possibilidade de aliança entre esses mundos, porque, se não, eles serão sempre mundos divorciados. Precisamos pensar na possibilidade de mundos que sejam intercambiáveis, que possam se alternar em diferente espaços e lugares, se não as fronteiras vão continuar sendo a marca mais brutal, mais anti-humana. Precisamos vazar essas fronteiras, feito uma peneira, para podermos transitar entre esses mundos.

Nos Dias de Estudo – São Paulo, organizados pela 32º Bienal, você fez uma crítica do mito e disse que, se, no entanto, fosse

possível pensar sobre como era esse tempo antigo, ele seria um tempo no qual não existira a angústia da certeza. Em nenhuma língua ameríndia se traduz mito por um equivalente com mesmo sentido que essa noção passou a ter no Ocidente. O que essa palavra esconde? O que ela obscurece?

Essa passagem do tempo em que não havia angústia da certeza deve se referir ao instante imediatamente anterior à linha que divide os povos que têm história e os que passariam a ter mito. O Olimpo, por exemplo, aquele monte Olimpo que fica ali em torno de Atenas, que sobe e encosta lá no mar Egeu e sai se espalhando por ali, aquele monte que hoje é ocupado por oliveiras, que é uma coluna cheia de pedras, deixou de ser o lugar de deuses, deixou o seu lugar de trânsito de divindades e foi simplificado como uma paisagem que poder ser alterada. Ele deixa de ser um lugar sagrado, um lugar com essa potência criadora e transformadora que foi percebida antes como o Olimpo, o lugar onde os seres de poder transitavam entre humanos, a ponto de estabelecer relações com os humanos, de ter filhos, de ter consanguinidade com os humanos. Acaba essa possibilidade e aquela gente empobrece a sua visão. Eu vou usar uma expressão que pode não ser a melhor agora, mas eles perdem a sua visão, a sua cosmovisão, eles abandonam uma cosmovisão e passam a perseguir agora uma ideia. Uma ideia de pólis, de cidade, de sociedade, uma ideia de civilização que começa a viver a angústia de ter certeza de alguma coisa. De ter certeza de que vão poder controlar aquele lugar onde estão vivendo, aquela paisagem, que vão conseguir através do conhecimento, da ciência, da experimentação, controlar a passagem do tempo, as mudanças dos ciclos do plantio e da colheita, até chegar a esse extremo que nós experimentamos hoje, no qual não dependemos mais do humor da Terra para a nossa produção, tanto da nossa produção material quanto da nossa produção de ideias. Os humanos seguem produzindo em algum sentido independentemente do humor desse imenso Olimpo que é o planeta onde vivemos. Nós compartilhamos uma grande canoa – eu insisto nessa imagem –, na qual a qualidade do ambiente não é mais uma preocupação da maioria da tripulação, porque os artifícios que foram acessados, as técnicas, os recursos, a tecnologia, isso que nós chamamos de tecnologia, que foi acessada pelos humanos, rompe aquela relação de lugar sagrado da Terra, que o Olimpo teve um dia e que outros lugares continuaram a ter mais tarde. Seus habitantes romperam com a ideia de que aqueles lugares eram sagrados e passaram também a tratar aqueles lugares como recurso. Recurso disponível para o humano moldar, manipular. E essa compreensão crescente de que o mito é uma categoria do conhecimento de povos que não têm história, que não têm pólis, que não têm política, que não pensam a complexidade das relações no mundo que nós compartilhamos, é uma grave herança segregacionista daquele pensamento que teve origem lá nos gregos.

Eu fui com o Davi Yanomami a Atenas. E o Consulado do Brasil em Atenas pôs uma pessoa para nos acompanhar em visita à Acrópole, ao Arco de Adriano, ao Templo de Zeus. Fomos visitar esses lugares. Quando chegamos lá perto do mar Egeu, numa ruína, com aquelas colunas quebradas, com pedra caída para todo lado, restos de antigos templos tombados no chão e um mar lindo à nossa vista, em um dia de luz bonita e sol, paramos ali e a nossa acompanhante do consultado brasileiro ficou junto com a gente contemplando a paisagem. Então ela perguntou para mim e para o Davi: "O que vocês acharam deste lugar? Vocês gostaram do passeio?" Eu fiquei num vazio, assim, pensando no que eu ia responder. O Davi me antecipou um pouquinho e disse: "Eu gostei de vir aqui, porque agora eu sei de onde saíram os garimpeiros que vão destruir a minha floresta, fuçar a minha floresta como se ela fosse pó. O pensamento deles está aqui. Eles fizeram isso aqui, e foram fazer o mesmo lá onde eu vivo. Eles reviram a terra, eles quebram tudo".

Essa imagem, essa tradução que o pajé yanomami fez da nossa visita àquele lugar de ruínas na Grécia, é de uma completa compreensão daquele tempo mítico em que os antigos gregos viveram, quando o Olimpo era um lugar de trânsito de seres divinos, bem como da passagem daquele lugar para um lugar histórico, onde você faz monumentos, constrói templos e constrói cidades e faz guerras. É a transição do tempo do mito – tempo em que é possível tudo, em que é possível que os mundos se intercambiem – para um tempo chapado, com uma história linear. Não tem uma régua dessas para você contar o tempo nas narrativas cósmicas ou cosmogônicas que os nossos ancestrais experimentaram e que alguns de nós herdaram deles por boa audição, porque, se fossemos surdos, também estaríamos com uma régua contando tempo.

Mas essas narrativas continuam a ser contadas pelos Yanomami e por vários outros povos, de modo que esse tempo no qual não existia a angústia da certeza, como você diz, não deixou de existir.

Ele é uma janela.

Como é o pensamento nesse tempo no qual não existe a angústia da certeza? A possibilidade de pensamento?

A literatura que nós compartilhamos em várias línguas, em diferentes lugares, ela costuma se referir a esse tempo como pensamento mágico. Eu gostaria de ter um outro termo, uma outra palavra, uma outra imagem para ajudar nessa compreensão, mas vamos considerar que seja o pensamento mágico.

Você acha que as palavras disponíveis em português não são suficientes para dar conta?

Eu tenho limitações enormes para alcançar uma outra expressão em qualquer idioma para falar dessa experiência de um pensamento potente, que se comuica em diferentes direções com transmundos, que transita e que tem o poder de criar reações em cadeia nos ambientes nos quais esses pensamentos são emitidos, nos quais eles são exprimidos. Eu me lembro de estar cerca de dez, onze horas da noite, numa cabeceira de rio, no alto rio Jordão, sob uma lua e ao redor de uma fogueira, numa cerimônia que os parentes estavam fazendo para os visitantes. Alguns desses visitantes tinham subido o rio arrastando canoa, porque não havia água no rio, e então, às onze horas, meia-noite, aqueles visitantes estavam preocupados porque no dia seguinte teriam que começar uma viagem de volta, descendo o rio, e e iam descer o rio arrastando canoa de novo – já estavam calculando o tempo que iam precisar até chegar à foz, ao lugar de embarque. Então, uma pessoa maravilhosa, dessas que vivem o pensamento mágico a que nós estamos nos referindo, calmamente disse: "Por que vocês estão deixando de experimentar esse momento? De viver esse momento em que estamos todos juntos aqui, agora, e se preocupando com o que vai acontecer amanhã cedo?" Então, as pessoas que estavam preocupadas com o embarque nas canoas disseram: "O rio está vazio, e nós vamos ter que baixar arrastando canoa. Se a gente subiu e demorou quase um dia e meio arrastando canoa, é bem capaz que a gente demore mais de um dia agora para baixar". Ele falou assim: "Não se preocupem, não. Nós vamos pedir uma chuva". Olha o pensamento mágico: "Nós vamos pedir uma chuva para vocês baixarem". Alguns ficaram pensando: "Você está brincando com a gente, olha o céu, olha a lua..." Lá pela uma e meia, duas horas da madrugada, estavam todos nas redes, se recolhendo porque iam ter que se levantar naquela manhã. Algum tempo depois, com alguns de nós já cochilando, chegou uma chuva maravilhosa e potente sobre a floresta, chacoalhando a floresta, choveu tanto na cabeceira daquele rio que você não acredita. As nossas canoas, que estavam amarradas, estavam todas flutuando sobre um volume de água que devia chegar, assim, a quase dois, três metros. A mata, a vegetação da beira do rio estava coberta de água. Nós descemos às quatro e meia da manhã para apanhar as canoas, e ele perguntava para nós: "Vocês vão poder descer surfando agora. Está bom assim?".

Então, é como se fosse um pensamento dos vínculos, não é?

É.

O que esse pensamento quer? Ele quer produzir relações, garantir a possibilidade de que possa existir humanidade?

Sim. E que a humanidade possa compartilhar experiências. É uma fartura, uma riqueza, porque imagina um amigo seu poder oferecer a você uma chuva? Tem coisa mais maravilhosa do que essa? "Não se preocupe, eu vou chamar uma chuva". Aqui nós somos tão medíocres, o máximo que conseguimos é chamar um táxi. O seu amigo está querendo ir embora de madrugada? "Não se preocupe, vou chamar um táxi". A tranquilidade com que ele podia dizer que ia pedir uma chuva é a tranquilidade de quem está interagindo com muitos mundos, inclusive com o mundo daquela floresta que produz chuva, com a profunda conexão com aquele lugar em que ele está presente e com todos os outros seres que compartilham e que trocam com ele, porque não foi ele quem fez chover. Ele negociou, mediou com todos os outros, buscou negociar com todos os seus afetos aquele presente. Deu um presente para a gente, a chuva.

Como é que se negocia com os afetos?

O tempo todo nós estamos negociando com as nossas relações, com esses afetos. E às vezes negociamos de maneira quase subliminar. Já que estamos procurando uma compreensão de como esse pensamento vai acontecer, vamos imaginar que essa subliminaridade aconteça nesse lugar de pensamento. Ele não se torna uma prática, um exercício visível de mover aquele objeto para cá ou jogar essa água ali ou acender uma vela ou fazer uma procissão, mas acontece no plano desse pensamento. No plano desse pensamento, no lugar desse pensamento, admitimos que ele continue criando janelas de comunicação entre esses mundos, nesse lugar em que as negociações acontecem o tempo todo. Seria talvez como alguma norma de reconhecimento. Um reconhecimento. É um sentido de gratidão, de pertencimento, de ser aquela família, daquele mundo. Se você pode pedir alguma coisa para a água, é porque você tem relações com o mundo da água. Se você pode estabelecer trocas, se pode se comunicar com a água e estabelecer troca com a água, significa que você pode pedir e dar coisas para ela. Tem um trânsito. Se você pode pedir uma chuva, é porque todos os parentes da água vão admitir seu parentesco, vão admitir seu pertencimento. Se você não tiver pertencimento naquele mundo, você tem pouco trânsito com aquele mundo, mas se você já está em pertencimento com ele, você aceitou o trânsito e estabeleceu com aquele mundo a possibilidade de pedir, dar e receber, de trocar.

E como você concebe a possibilidade de uma arte a partir disso, Ailton? A arte precisa ser sempre mediada pelas coisas?

O meu amigo Bené Fonteles escolheu uma frase ou um trecho do A queda do céu, do Kopenawa Yanomami, para afixar numa das colunas, em que o Kopenawa abre a fala dizendo: "Omama também é artista. Omama é artista". E aí ele estende uma fala sobre como Omama tem o exercício da arte. O exercício da arte de Omama é criar o mundo. É uma arte. Ele cria o mundo como artista. Então, ele vai descrevendo as criações, as belezas que vai criando, as dádivas que ele vai trazendo e termina convocando os artistas contemporâneos para criar esse vínculo com Omama. Já que Omama é artista, que esses artistas entendam isso e que deem curso para o povo de Omama, deem passagem para Omama, entendeu? Deem trânsito para ele. Trânsito de ideias, trânsito de pensamento.

O que é Omama?

Parece que é esse exercício vital, é a vida, é essa possibilidade de estar vivo, de ser potente, criar e interagir com o cosmo, de estar no Universo de maneira ativa. Ser criativo, ser ativo, criar. É arte. A separação entre viver e fazer arte, eu não percebo essa separação em nenhuma das matrizes de pensamento de povos originários que conheci. Todo mundo que eu conheço dança, canta, pinta, desenha, esculpe, faz tudo isso que o Ocidente atribui a uma categoria de gente, que são os artistas. Só que em alguns casos são chamados de artesãos e suas obras são chamadas de artesanato, mas de novo, são categorias que discriminam o que é arte, o que é artesanato, o que é um artista, o que é um artesão. Porque a história da arte é a história da arte do Ocidente. Quando Picasso foi à África e se contagiou com a visão de arte que os povos da África traziam, ele transpôs para sua obra, para a sua criação, muitas daquelas visões, e todo mundo admite e aceita isso. E ele não viu ali, naquela criação, nada menor do que a arte dele. A arte dele por excelência não é o que tem de mais bacana no Ocidente? Agora, os cretinos, que querem demarcar fronteiras entre mundos, esses acham que os povos indígenas produzem artefatos, e que um artista ou alguém que ganhou esse título produz arte.

Por que os Krenak, por exemplo, pintam os corpos?

Falo sobre isso em um livro meu, *O lugar onde a terra descansa*. Certa vez, alguns visitantes estavam fotografando os encontros que a gente fazia lá na serra do Cipó, em Minas Gerais. Era o Tarú Andek, festival de danças tradicionais. Os parentes tinham um biombo, um cercado onde iam para se despir dessa casca, dessa roupa, e se pintar com urucum com jenipapo, com terra, com pigmentos. E os parentes Maxakali se apropriavam de todas aquelas outras coisas, inclusive dos sacos plásticos, de tudo, e faziam máscaras, faziam arranjos e botavam na cabeça, na cintura, no braço. Aí, chegou alguém e me perguntou: "Por que vocês têm essas coisas de pintar, de fazer essas coisas?". E eu comentei com essa pessoa: "Olha, nós somos caçadores de beleza. A gente caça beleza no mundo, na paisagem, em tudo quanto é lugar. E quando nós pintamos o nosso corpo, estamos trazendo para essa base, para esse suporte que é o nosso corpo, os espectros da criação. Isso que vocês chamam de espíritos, de potência que tem na natureza, nós estamos imprimindo esses espectros da natureza nesse suporte que é o nosso corpo. Nós queremos ser reconhecidos por eles. Estamos imitando a beleza, imitando a beleza deles. Nós somos espelhos da criação".

Então é algo contrário à lógica da beleza que emana do indivíduo. A beleza não emana do indivíduo; ele é que, de alguma maneira, vai ao encontro da beleza.

Ele caça, captura a beleza. É um caçador mesmo. Ele vai caçar a pintura da jaguatirica, da borboleta, do besourinho, ele vai caçar a pintura desses seres.

Para produzir um vínculo.

Imprimir no corpo e, a partir daquela impressão, da adoção daquela imagem que está no seu corpo, você passa a ter trânsito com todos eles. Você pode andar no meio deles, cantar junto com eles, dançar com eles, chamar para vir dançar junto com você, porque eles vão se reconhecer. Você é espelho. Eles estão te vendo. "Ah, então, eu posso chamar o macaco pra vir dançar comigo? A família dele toda?" Eu posso chamar. Quem eu quero chamar da família dos peixes para vir dançar comigo? Ah, então você vai poder chamar a família deles, porque estão olhando e vendo a pintura da família deles em você.

Como é um mundo no qual os corpos não são paramentados? Existe a possibilidade de um mundo no qual as pessoas não se pintam?

É o mundo dos mortos. Os mortos não se pintam. Os espíritos dos mortos não são pintados, eles não têm pintura. Eles não têm mais a capacidade de buscar essa comunicação com a natureza, com a potência que existe na natureza, nas águas, na floresta, nas montanhas, nos rios, que existe em todos os lugares. Então, eles não têm uma pintura. Os vivos têm pintura.

E os brancos? Estão mortos?

Os brancos, em algum tempo, tiveram suas insígnias. Eles se pintavam. Em algum tempo, todo mundo se pintou, mas essa ruptura que aconteceu entre o pensamento dos brancos e esse pensamento mágico levou ao afastamento da natureza, ao distanciamento dessa ideia de caçar a beleza para uma outra construção, digamos assim, da ideia de beleza, na qual ela passa a ser alguma coisa que você projeta, não que você captura. Que você irradia como uma ilusão de que existe em caráter permanente. Alimentando a ilusão de que você tem duração. E o pensamento mágico, se nós decidirmos que podemos falar assim, esse pensamento acha que não temos nenhuma certeza se estaremos vivos daqui a pouco ou até amanhã. Essa falta de garantia, essa falta de certeza, libera a pessoa de construir uma projeção para o mundo. Não precisa ficar criando uma projeção, porque você não tem certeza nenhuma se aquilo vai para algum lugar. Isso tem que ver com aquele pensamento, com a primeira conversa nossa sobre certeza, sobre um tempo sem a angústia da certeza. Se nós estamos lidando agora circunstancialmente com essa ideia da incerteza viva, então estamos tentando fazer algum contato com um tempo em que a humanidade, no sentido mais amplo, experimentou essa incerteza, quando os brancos se pintavam.

E isso agora é absolutamente necessário.

Eu penso que é a janela da arte. A janela da arte, em diferentes lugares e contextos do mundo, é uma espécie de surto dessa consciência da certeza, essa que vive a angústia da certeza. Eu acho que ela tem um surto de vez em quando, e ela corre para o mundo da criação, o mundo da invenção, o mundo da arte, que é quando ela não tem certeza. É quando ela está surtada. Porque quando ela está organizada, quando está sóbria, quando está produzindo, ela não se permite essa licença. Tanto é que o mundo do trabalho é claramente demarcado do mundo da criação. O mundo do trabalho está cada vez mais consolidado como o lugar da reprodução, da repetição. O mundo do trabalho é você trazer milhões de peças iguais, milhões de prédios de janelas iguais. Toda a tralha tecnológica que a gente compartilha no mundo hoje é produzida em escala. Não é para ser criada, é para ser reproduzida. A criação se dá em saltos. Tem uma criação aqui, depois tem uma criação em algum outro tempo. O mundo do trabalho é mortificante.

É possível parar de trabalhar?

Trabalho alienante é tortura.

PENSANDO COM A CABEÇA NA TERRA

FALA REALIZADA NA VI REUNIÃO DE ANTROPOLOGIA DA CIÊNCIA
E TECNOLOGIA, USP, 18 DE MAIO DE 2017

Eu só cheguei agora no final do dia, desta VI Reunião de Antropologia da Ciência e Tecnologia, quando já aconteceu muita coisa esta semana e fui movido por um sentimento profundo da ativa visão do momento que nós estamos vivendo no debate acerca da exigência de abertura para novos paradigmas na produção de conhecimento. O tempo reclama novas epistemologias, visões para um mundo em vertigem. Os movimentos sociais e especialmente milhares de excluídos dos espaços de produção, fruição desta produção que é esperada das pesquisas nas universidades e institutos de educação e ensino superior seguem reproduzindo práticas conservadoras que limitam a presença de novas ideias e visões de mundo, percepções estranhas à velha reprodução de modelos encrustada em nossas IES que resiste a mudanças, mesmo quando são exigidas por lei, que estabelece criação de vagas nas IES para indígenas e negros com a lei 11.645, que esta Universidade ainda reluta em promover para além da graduação, um debate que deve ser enfrentado no âmbito da discussão que nos reúne aqui na USP, mas também além dos muros da universidade.

Agradeço a apresentação que a Professora Marta Rosa Amoroso me proporcionou, quase um manifesto atualizado do que penso sobre esta questão, e vou seguir fazendo aqui nesta semana – que junta pesquisadores de universidades de diversas regiões do país, oportunidade de estar fazendo esta fala nesta reunião ReACT, reunindo aqui pensadores que eu gostaria de cumprimentar, na pessoa do Jaime Matsé, da região do Vale do Javari, que tomou a palavra aqui neste auditório e nos deu uma ótima e completa visão do outro: estar em São Paulo e vendo quantos outros estão em São Paulo, refletindo tantas identidades, tantos mundos, e que ficou presente também na fala dos outros pensadores de diferentes tradições, de diferentes culturas, que se expressaram aqui nesse final de tarde.

As inquietações que esses pensamentos trazem e que dizem respeito a gênero, a origem e raça, a opções diversas que nós, os seres humanos, temos a possibilidade de fazer. Todas essas expressões motivam e movem a fala que eu compartilho com vocês. Estar aqui fazendo essa fala é uma situação de privilégio numa sociedade extremamente segmentada e discricionária, com um imenso caleidoscópio de critérios para descriminar, que vai desde o tamanho do nariz ou pé, altura ou a cor. E nesse imenso repertório que a nossa composição, digamos assim, complexa dessa sociedade brasileira nos coloca, incita a cada um de nós a acender os faróis e refletir estas diferenças da maneira mais intensa, exatamente para não desaparecer no meio das paisagens. Porque a paisagem é a paisagem e as paisagens constituídas são paisagens para nos fazer desaparecer.

Aquele parente que se sente menor quando está aqui em São Paulo do que quando está lá no Vale do Javari, onde vive seu povo na floresta, está refletindo o que milhares de pessoas sentem quando estão exilados de si mesmos, fora do seu lugar. E o que nos põe diante de uma pergunta incômoda, que é: qual é o meu lugar? Se toda vez que me sentir deslocado, vou me sentir menos do que eu sou, onde é o meu lugar? E eu quero convidar vocês pra gente fazer uma viagem sobre esse lugar. Foi mencionado aqui um dos textos que eu tive a oportunidade de publicar já há uns quinze anos atrás, com o poético título de "O lugar onde a Terra descansa". Essa ideia, evocar um lugar onde a terra descansa, ela tem a ver com o sentimento que me move nesse encontro com vocês agora pra gente pensar: que lugar é esse onde a terra descansa? O lugar onde a Terra descansa, ele está em mim, ou está pelas paisagens onde eu me desloco? Pelos lugares a que eu atribuo valores, significado? Se há um lugar onde a Terra descansa, isto deve sugerir também que a Terra pode ficar cansada, é pensada como um organismo vivo. E que não reflete a mesmice que o pensamento racional, que o pensamento científico, se me permitem aproveitar o destaque desse lugar privilegiado, onde a ciência deita e rola, para dizer que a ciência decidiu que esse organismo vivo, pelo menos desde alguns séculos atrás, podia ser esquadrinhado, recortado, eventualmente triturado e enviado para diferentes cantos do mundo, como recurso. Assim como você pode ir a uma roça e colher o trigo ou colher o milho, você pode ir a uma paisagem e colher uma montanha. Você atrofia uma paisagem como se ela fosse alguma coisa que se pode repor a cada safra, a cada estação.

Eu venho de uma região do nosso país que é feita de montanhas e de serras. E essa topografia que inspira os nativos daquela região, nos inspirou a nomear aquele lugar de Minas Gerais. E esse lugar de montanhas, essa região de montanhas, está sofrendo nos últimos 50 anos uma alteração tão radical na paisagem, que se você se desloca por terra do Rio de Janeiro ou de São Paulo para chegar à região central de Minas Gerais, vai se impressionar com o tanto de serras que são, a cada cinco, seis anos, removidas da sua frente. Junto com estas serras que estão sendo removidas, estão sendo desaparecidos também os rios, as nascentes, os corpos d'água que formavam aquela paisagem. Estão sendo sequestrados por uma lógica absurda que não entende que a terra precisa também descansar.

E como traduzir isso para um pensamento plural, para uma sociedade complexa como a que nós acabamos por nos constituir, onde não há mais uma cosmovisão compartilhada? E se eu disser para você que nós vamos dançar para suspender o céu, você pode até admitir que eu faça isso, mas vai dizer que eu faça isso lá no meu terreiro. Porque o seu céu, esse céu que está na sua paisagem, você ainda não admite que ele possa ter alguma comunhão com a Terra e com você. E com todos os outros seres que compartilham com você dessas paisagens.

O ensimesmamento, a absurda concentração antropocêntrica, esse pensamento que orientou e que sustentou o processo de colonização das Américas, que trouxe este pensamento branco para ocupar a paisagem das Américas, ele imprimiu nessa paisagem a visão de uma platitude, a visão de um lugar plano, onde o saque de toda riqueza, de toda fartura da natureza, se constitui no projeto civilizatório, no projeto de conquista, no projeto de consolidação de um tipo de sociedade. De um tipo de sociedade que nós involuntariamente nos encaixamos nela como essa sociedade brasileira que constituímos. Uma abstração, porque se nós somos tão diversos e temos demandas tão distintas e temos desejos e projeções de mundo tão distintas, como que a gente pode se constituir assim, de graça, num concerto chamado "identidade brasileira", "povo brasileiro"? Que nas poucas ocasiões que nós tivemos de mostrar como que esse concerto se dá, a gente viu quase uma metade vestida de verde e amarelo, berrando no meio da rua: "morte, morte, morte, esfola, esfola, esfola", expulsando a outra metade do país para ir morar em qualquer outro lugar do continente; e uma parte dessa comunidade, dessa comunidade cindida, tentando justificar por que é que ela se sentia tão menor naquele lugar por onde ela estava transitando.

Eu me lembro de uma imagem impressionante de um rapaz vestindo uma camiseta vermelha com uma mochila nas costas, atravessando um trecho de avenida, em São Paulo, na região central, cercado por um coletivo de uns 20, 30 camaradas vestidos de verde e amarelo, a ponto de trucidar o rapaz que estava vestido com uma camiseta vermelha. Foi no ano passado. Na época que estavam fazendo a campanha de empossamento desse senhor que está ocupando a presidência da República. Uma campanha de acirramento do ódio contra os indígenas, contra os negros, contra os pardos, contra os listrados, contra os qualquer coisa que não fosse aquela fixação do verde e amarelo. Que é, em último caso, a coisa que chamam de nossa identidade comum de brasileiros.

Se esse simbolismo que representaria o que nós temos de comum numa identidade de brasileiros serve como farda pra um coletivo de fascistas sair esfolando as pessoas que não são iguais a eles, que não estão na mesma configuração que eles entendem que é um cidadão, que é um brasileiro, onde é o lugar que nós podemos nos sentir em casa? Quando alguém que sai do Nordeste pode se sentir em casa em qualquer lugar deste país? Quando isso acontecer, a gente pode imaginar que nós estamos constituindo uma comunidade, que na sua diversidade, consegue respeitar as diferenças e constituir alguma coisa parecida com uma nacionalidade.

Constituir uma nacionalidade não é suplantar as identidades e mascarar os nossos conflitos e as nossas diferenças. Mas é ser capaz de fazer o que aquele coletivo que fez as intervenções aqui no auditório antes deste painel nos surpreendeu com uma energia maravilhosa que esquentou esse auditório com a ocupação deste espaço, evocando as ocupações que foram feitas nas escolas em várias regiões do país, mostrando para o estado brasileiro que ainda tem pulso na vida das diferentes comunidades nesse país, que são capazes de se rebelar, que são capazes de reagir à pasmaceira que o pensamento dominante tenta impor a todos nós.

É estimulante a presença dos indígenas, dos negros, das diferentes famílias de diferentes regiões desse país, dos diferentes complexos de culturas e de identidades que a gente não tem como listar aqui. Apesar de o Estado, através de suas diferentes agências, procurar criar essas listas, esses rótulos, chamando como povos tradicionais, comunidades ou povos, criando essas listas onde o estado pode discriminar melhor e fazer sua política de segregação dirigida de uma maneira organizada. Mas, muito além dessas listas, as nossas diferenças é o que constitui a potência verdadeira que vai nos dar a força de não permitir que o estado ponha uma canga sobre todos nós e domestique a todos nós.

Tem uma pequena parte do nosso povo que continua, ainda, envergonhado de alguns lugares por onde circula. Mas essa vergonha é potência, porque é estranhamento. Essa vergonha é não ter entregado ainda o seu último reduto à dominação colonialista. E não ter se constituído, também, num aparato ou num aparelho de reprodução do pensamento colonial. Porque a tragédia é quando nós, domesticados pelo pensamento colonial, passamos a reproduzir isso de uma maneira tão eficiente que em torno de nós criamos colônias de pessoas subjugadas, submetidas e humilhadas, que vão se sentir sempre menores do que são em qualquer lugar que estiverem, porque estão espelhando um modelo de vida que não é o que ele traz em si, mas é o que estão oferecendo para ele.

Nesse sentido, pensar as universidades como alguma coisa fora desse aparato que o Estado manipula, que o estado gere, pode ser muito ingênuo. As universidades fazem parte do aparato, do organismo de dominação, que os Estados nacionais estendem como seus dedinhos para alcançar os seus objetivos, buscando a informação, o conhecimento, buscando todo o aporte que o Estado, obviamente, necessita pra se retroalimentar e continuar atualizado sobre como melhor dominar as nossas diferenças, as nossas diversidades.

É interessante que essa instituição que se chama universidade, o que ela menos tem de natureza própria é ser universal. Não é? Ela trai o próprio sentido da sua origem, que era o de dar trânsito a todas as visões de mundo, a todas as capacidades criativas, à invenção, ao pensamento. Então, essa instituição que não podia trair seu sentido de origem, o trai quando começa a estabelecer, por exemplo, que 80% ou 90% de seus frequentadores vão ser, sei lá, cor de rosa. E que os outros 9% vão ser xadrezes, e que alguns outros vão ser com bolinhas. Essas estatísticas podem até se justificar para o planejamento, para o orçamento, mas é injustificável do ponto de vista moral e do ponto de vista ético, que uma instituição aceite essas marcas. Quando as instituições convivem, aceitam e integram essas marcas, ela se constitui numa extensão do aparelho do Estado, que só quer dominar, submeter e escravizar a nossa capacidade de revolta. A nossa capacidade de criação.

Se nós aceitamos que as universidades continuem aparelhadas pelo Estado, uma extensão do Estado, assim como as polícias são, nós vamos permitir que os nossos filhos e que as futuras gerações venham a se constituir cada vez mais em pessoas servis e reprodutoras do pensamento colonial. Em países periféricos como o Brasil e alguns outros vizinhos nossos da América Latina, o que melhor nossas universidades fazem é convencer os nossos filhos de que as melhores bibliografias que existem para eles são aquelas em alemão, em francês ou inglês. Em qualquer outra língua, mas nunca a dele. Nunca a voz que ele reconhece como a voz do seu avô, do seu pai, da sua família. São vozes estranhas que constituem o saber, são vozes de outro lugar, que sempre vão nos fazer sentir menor em qualquer lugar do mundo. Se a Terra é esse organismo vivo e se nós estamos enraizados nesse organismo vivo, nós temos que expressar a potência desse organismo vivo em qualquer lugar, em qualquer volta que ela der com a gente. Nós temos que poder nos deslocar no planeta sem sentir o constrangimento de estar andando em corredores vigiados.

Aquele grito dos meninos aqui nesses corredores, dizendo com expressão potente de raiva que querem acabar com as práticas cotidianas de repressão e dessa dominação que nós experimentamos na nossa forma de nos organizar em sociedade e que se reflete de uma maneira grotesca em cima da experiência da educação. Quando jovens estão na sua formação, na sua experiência formativa, eles deveriam encontrar um lugar acolhedor, um jardim acolhedor que estimula a pensar, e não um lugar de repressão onde se sentem o tempo todo constrangidos e ameaçados. Isso não é educação. E as universidades seguem o mesmo duto estreito do ensino fundamental e do secundário e vão acessar as pessoas a esse ambiente constrangedor, intimidante, que faz o sujeito se sentir, no máximo, um invólucro vazio pra ser preenchido com bibliografias e ideias alienígenas, prostrado para ser uma réplica dos seus dominadores. Se a universidade faz isso, é melhor que as universidades se transformem em hortas, jardins, jardins botânicos, ao invés de ficar enganando as pessoas.

Eu acredito que fica bem explicitado a minha preocupação com o fato de muitos dos jovens de diferentes povos, desses povos chamados indígenas, se sentirem atraídos por esse canteiro que são as universidades. Que atração é essa que a universidade provoca nos jovens que são desde o povo xucuru-cariri, do povo pankararu, na região nordeste, os tikuna, no Solimões, outros como os yanomami, que estão lá em Roraima? A gente podia pensar: bom, os yanomami vivem numa região ainda tão afastada desse choque de cultura que o Centro-Oeste e que o Nordeste já experimenta há tanto tempo que talvez eles consigam consolidar uma visão de mundo e não se impressione tanto com os apelos dessa incrível sinfonia do mercado, da mercadoria, como diz o Davi Kopenawa Yanomami, acerca dessa civilização da mercadoria que consegue transformar até aquilo que seria o saber numa coisa pra vender.

Algumas pessoas ficam frustradas de não poder pagar o que algumas universidades exigem para que eles possam passar lá por dentro e sair, ao final, com um MBA, com um doutorado ou mestrado. Pois aí ele teria comprado o seu céu. À semelhança do que acontecia quando o catolicismo era aquele pensamento dominante. A fé católica, a fé cristã, fazia com que um sujeito que arrancava ouro e diamante nas serras de Minas desse pelo menos um décimo daquela riqueza que ele retirava para obter um crachá pra ele entrar no céu. Pode até parecer barroca. Mas vocês podem ter certeza que o preço do ouro que eles pagavam lá e dos que pagam aqui é mais ou menos equivalente. As pessoas pagam os olhos da cara para serem colonizadas.

O que nós deveríamos era provocar a irrupção de um pensamento rebelde que fosse capaz de pensar, junto com cada lugar onde nós vivemos, a potência que a Terra tem para se fazer respeitar. Se é um organismo vivo, precisa ser respeitado. Nós não temos que cuidar da Terra, nós temos que respeitar esse organismo vivo que é a Terra. E nós só estamos aqui porque ela ainda nos suporta, nos acolhe, nos abriga, dá comida, põe a gente pra dormir, desperta. Em nossa pouca paciência e pouca capacidade de escuta, achamos que podemos nos desfazer desse maravilhoso organismo, do qual somos células. Não é um comentário místico, não estou fazendo nenhuma transcendência. Eu só estou lembrando a vocês que este organismo vivo integra a nós também. Somos células desse organismo vivo. E é de uma traição absurda a gente ignorar a nossa origem na Terra e discriminar todos os outros seres que têm origem nesse organismo vivo da Terra que poderia reconstituir, ou constituir, junto com cada um de nós, uma teia de plena experiência criativa com o organismo vivo da Terra. Nós ficamos rendidos a uma dieta cerebral e temos pouca comunhão com tudo o que a Terra nos possibilita.

Eu queria agradecer a vocês a oportunidade de fala, é a presença de vocês aqui que me possibilita trazer estas palavras. Nós somos células desse organismo maravilhoso que alguém já disse que é uma nave azul viajando no espaço. Tem que ser muito careta para não conseguir pensar nisso.

EM BUSCA DE UMA TERRA SEM TANTOS MALES

DEPOIMENTO REALIZADO EM 2016

Nossa Terra, como a conhecemos hoje, já foi destruída várias vezes. Em algumas destas, sem a nossa ajuda. É o que dizem dezenas ou até centenas de narrativas, histórias sagradas de nossos ancestrais. Olhando bem de perto, notamos que alguma pequena ajuda sempre foi dada por alguns de nossos antepassados, contrariando uma lei ou norma de conduta que dava segurança ao frágil equilíbrio de nossa instável relação com todos os seres da criação que fazem a teia da Vida neste planeta que chamamos Terra.

O sábio Davi Kopenawa Yanomami, no livro recém-publicado *A queda do Céu*, nos reporta algumas destas rupturas. Quando o mundo que Omami criou pela primeira vez para seu povo desabou de seus esteios, foi grande a destruição daquele mundo primevo. Outro Céu e Terra foram criados, novos mandamentos foram passados para seu povo, que deve respeitar as regras de bem viver com todos, todos os seres da criação. Não somente aqueles que reconhecemos como nossa espécie, mas todos. Os seres visíveis a nossos olhos e sentidos, mas também os que não tocamos ou nem atinamos as suas existências, devem estar nesta indescritível lista aqueles que os cientistas citam como elementos da biodiversidade dos ecossistemas, biomas das mais diversas latitudes do Planeta Terra.

Nossos rios, lagos, igarapés, paranás, oceanos, todas as nossas bacias hidrográficas, águas subterrâneas. Nossas montanhas, cordilheiras e serras, nossos vales. Um vale do rio Doce, ou Watú, para os burum. O povo krenak, que teve seu território devastado pela fúria dos colonos e desbravadores das florestas deste vale que foi nomeado de rio Doce, e citado como Vale do Aço, numa franca declaração de desprezo pela presença deste caudaloso rio, cheio de vida e abundância que poderia suprir toda a necessidade de alimento para seus ribeirinhos. Mas o aço – ou vil metal – encontrado nas suas entranhas brilhou mais que suas águas cristalinas aos olhos dos seus novos habitantes. Com este apelido de duvidoso gosto, passou a abrigar todos os empreendimentos mais avançados em tecnologias pesadas e agressivas ao seu entorno, com grande demanda de água, madeira e outras fontes de energia. Gerando muita riqueza para os mercados externos e exportando pobreza para países desenvolvidos. Com nossos governantes sempre a reboque de seus projetos tecnológicos, estes mesmos empreendedores decidiram qual a regulação que suas atividades deveriam sofrer ou se obrigar a cumprir como medida de proteção ao meio ambiente. Já foi exaustivamente repetido que "minério só dá uma vez". Mas nem por isso deixamos de ser uma economia extrativista de minério, assim como nada foi feito para proteger as florestas nativas. Como lembra Sebastião Salgado, restam somente 5% da cobertura florestal desta grande região.

Desde a década de 1990, nosso estado de Minas Gerais tem sido informado sobre a agonia do Rio Doce, chegou mesmo a esboçar alguma ação, mas não passou de anúncios os convênios entre Minas e Espirito Santo para a promoção da malfadada recuperação da bacia do rio Doce.

O Watú, este rio índio ou indígena que chamamos de Doce, segue seu destino de rio ofendido e maltratado por gerações de viventes que tiraram de suas águas o que precisaram para viver, leva no corpo as marcas da violência e degradação que os empreendimentos, indústrias, comércio das grandes e pequenas cidades lhe dão em troco de ar puro, saúde e vida. Porque choram então, aqueles que nada fizeram enquanto o Watu agonizava?

Lembrando a citação que nomeia este texto, onde uma das narrativas de um povo indígena assolado pela ganância dos fazendeiros da soja e da cana no Mato Grosso do Sul, lembra a todos nós que esta Terra que vivemos é mesmo imperfeita e por isso segue também o seu curso, em busca de sua Terra Sem Males, ou Yvi Marãey. Viva todos os rios da Terra, todos os viventes!

COSMO-VISÕES

Ailton, você começou a se engajar politicamente na articulação dos povos indígenas na década de 1980. Como você vê esta articulação naquela época e hoje. Qual a diferença temporal?

Eu agradeço essa oportunidade tão especial de estar aqui com vocês e comprimento a Ana e o Cesar por estabelecer essa conversa nesse lugar reconfigurado para esse tipo de encontro. É muito significativo estarmos aqui falando sobre esse histórico do colonialismo – que é todo o movimento de tomada de territórios pelo Ocidente, que se estendeu a ponto de ocupar a grande região americana.

Eu estava pensando sobre a correção de chamar os povos originários aqui desse continente de ameríndios, porque outro dia eu estava exatamente refletindo sobre isso: que chamar esse continente de América é fazer um elogio a um sujeito chamado Américo Vespúcio, um signo, uma marca colonial. Então, o nome desse continente traz uma marca profunda do pensamento colonialista que inspirou todas as migrações nos últimos 500 anos, e que resultaram na vinda de povos de todos os lugares do mundo, como a gente pode identificar uma pequena amostra aqui nesse nosso encontro de gente. Gente que veio da Europa, gente que veio de algumas outras regiões do chamado Oriente ou do Oriente Médio – considerando aquela correção que já foi feita sobre orientalismo, que está na base da mentalidade que nós reproduzimos em pensamento, que reproduzimos em práticas, que reproduzimos em modos de vida e de ocupação.

Se esse continente tem uma história tão profunda que pode ser atestada por sinais nos seus ecossistemas – nas florestas, no cerrado, na Mata Atlântica, nas montanhas, nos rios –, é muito provável que uma busca profunda, à maneira desse maravilhoso trabalho que o Paulo Tavares apresentou agora pouco para nós em uma fala luminosa, possa identificar a origem dessa ideia de ocupação dos espaços de uma maneira arrogante pelos colonizadores, e que tem na arquitetura e no urbanismo uma ferramenta de guerra.

Nós podíamos considerar que a gente tem mesmo um imenso campo para discutir as nossas escolhas no presente e as escolhas que foram feitas no passado e que tem produzido em série crimes que nós ficamos chocados quando são expostos e documentados de uma maneira tão evidente e tão dedicada, no sentido de comprovar que esse processo não foi um acidente, que ele foi projetado, foi planejado e que, de certa maneira, nós estamos aqui agora, nessas condições, porque elas foram projetadas e executadas ao longo de pelo menos cinco séculos, para ficar no caso do continente americano.

Quando a gente pensa a duração disso, fica impressionado com a fixação de um pensamento que foi capaz de imprimir no planeta uma alteração tão profunda que nós chegamos agora a admitir que já vivemos no Antropoceno. Se consideramos que nós estamos vivendo uma era marcada pelos desastres humanos no planeta, seria também uma maneira muito didática de reconhecermos que nas tecnologias, nas escolhas e naquilo que está impresso na ciência da saúde, na ciência do habitare – do habitat –, na ciência da segurança. Esses diferentes campos do conhecimento, e entre eles está a arquitetura e urbanismo, tem uma matriz comum, que é uma matriz profundamente informada por um pensamento de dominação da Terra em amplo sentindo. A ideia de que a natureza é um recurso para ser disponível para os humanos incidirem sobre esse lugar criando espelhos de si mesmos. Se o estado da Terra hoje pode nos causar alguma impressão triste, a gente deveria reconhecer nele a nossa imagem. É o espelho do que nós fizemos com a Terra.

O meu incômodo, que me moveu a religar com a maneira que os nossos ancestrais viveram aqui nessa parte do mundo, e acreditar na possibilidade da minha geração denunciar essa corrida contra o tempo, que poderia nos afetar a todos índios e brancos, tem a ver também com aquela fala de um chefe indígena no norte desse continente, o chefe Seattle. Essa fala foi impressa em pôsteres e documentos que nos anos 1960 animaram o movimento da contracultura, o movimento hippie, o movimento ambientalista, e que chegou a se constituir em um verdadeiro documento, um manifesto da ideia de ecologia que os urbanos começaram a despertar dos seus centros calçados para entender a nossa vinculação com a terra.

Nessa resposta do chefe Seattle para um militar, provavelmente um general do exército americano que fazia remoção dos povos indígenas de diferentes regiões do continente, ele diz: "Nós não podemos vender essa terra, porque nós não possuímos a terra. A terra é que nos possui. Eu e você vamos morrer e vamos ser enterrados, ela é a nossa Mãe. Ela embala os nossos sonhos, essa brisa, ela fala uma linguagem. O búfalo precisa das pradarias para correr, ele também tem seu espirito, seu espirito é vivo. A terra é viva. Nós sabemos que vocês têm muita força e que vocês estão chegando para tomar tudo que encontrarem pela frente, mas ensinem para os seus filhos a amar essa terra, ensina para os seus filhos a pisar suavemente sobre a terra. Porque a terra é a nossa mãe. Ela é viva."

Ora, essa foi uma resposta dada em 1857 por um nativo daqui desse continente para um militar que representava naquele tempo o que era os Estados Unidos, e é hoje também. Tem um cavalo com esse sujeito montado em cima, um monumento, uma estátua equestre com esse general, que se não me engano chamava Sheridan, montado num cavalo de ferro. Um elogio para a coragem desse sujeito que passou a espada nesses índios e que tomou o território deles e que parece que não ensinou para as gerações futuras a pisar suavemente sobre a terra, a considerar o tipo de implantação que eles fizeram com a sua aldeia. Aldeias essas que hoje são Boston, Chicago, Nova York, Washington, e que se constituíram em uma espécie de modelo para um resto desse continente, onde todos, com alguma variação, imitam o mesmo desenho, ou pelo menos aspiram a mesma formatação de polis, de cidade. Quando qualquer uma dessas regiões daqui do continente consegue corresponder àquele modelo de instalação de assentamento, ela também alcança um *status* de civilizada, que é exatamente o atributo que eles não reconheceram nos povos que viviam aqui.

Eu pensei que se a minha geração conseguisse ao menos gritar que essa terra é viva, que tem povos originários ainda vivos e que, a despeito do grande genocídio americano, ainda há testemunhas de um outro tipo de presença de humanidades aqui no continente, que talvez nós pudéssemos devagar ir semeando essa percepção no coração das gerações futuras – mas também da nossa geração, dos anos 1970, 1980, 1990. Nossas famílias indígenas, naquela época, eram contadas como 180 tribos. Se vocês olharem a literatura dos anos 1960 e1970 – à exceção dos antropólogos bem-intencionados – nós não éramos chamados de povos ou de etnias, e sim de tribos. Não tinha essa correção política que as pessoas procuram ter hoje, de falar de uma maneira dissimulada que nós somos povos ou que nós somos etnias. Chamavam a gente nos documentos oficias de tribos e diziam que existiam apenas 180 tribos e que éramos uma população estimada em 200.000 pessoas. Todos esses números, essas estatísticas, eram reducionistas, com uma clara intenção de dizer que a gente, na verdade, já tinha acabado. Coincidia com a mesma época que abriam a Transamazônica e seguia de certa maneira o mesmo entusiasmo que fez aquela cruz em Brasília e abriu Brasília. Quando eu vi aquele primeiro marco de Brasília eu me lembrei dos parentes xavantes e suas aldeias.

Aliás, eu fiquei muito feliz de saber do encontro do Paulo com o povo Xavante e das experiências que ele tem feitos junto de ler as marcas na terra de assentamentos humanos onde se sugere que é possível existirem habitats organizados e estruturados dando suporte à vida sem uma marca tão dura na paisagem. Aquelas imagens que mostram grande círculos ou pequenas formações dentro da floresta, desenhando jardins na floresta, são cartografias nossas, que foram suplantadas pela ocupação de uma nova cartografia, que é a cartografia colonialista, que não tem vergonha de ser colonialista porque ela faz um elogio dessa ocupação desse território, como se fosse um gesto civilizatório. Esse elogio entusiasma as novas gerações. As crianças nas escolas são estimuladas a seguir isso como um roteiro potente, como um roteiro afirmativo de um tipo de civilização e que está profundamente imerso naquilo que a gente chama de cultura do consumo. Uma cultura que consome não só mercadoria, mas que consome também imagens, consome ideias, e não é capaz de fazer as críticas. Consome sem uma crítica.

Eu fiquei muito tocado com essa possibilidade de um corte na leitura que historicamente é feita dessas escolas formadoras do pensamento continuado dos nossos técnicos. Independentemente de ser da saúde, do urbanismo ou da segurança, ou de qualquer outra área da produção (ou reprodução) do modelo ocidental de ocupar o mundo, esse elogio da técnica que a cultura dos brancos faz é a mesma técnica que sustentou as marcas profundas que chamamos hoje de Antropoceno. Eu sei que muitas pessoas, assim como negam as mudanças climáticas, são capazes de negar que existam marcas suficientes para indicar uma mudança de Era com a nossa presença aqui na Terra. Como se tivessem negando a morte dos rios, o envenenamento dos oceanos e contaminação dos aquíferos – até as aguas subterrâneas já tem marca da nossa pisada pesada sobre a terra.

A minha geração foi espontânea no sentindo de confrontar essa ideia de que nós tínhamos acabado e que a ideia colonialista tinha sido vitoriosa. Quando o Memorial da América Latina foi inaugurado em São Paulo, cerca de um ano ou dois anos depois, eu tive oportunidade de participar de uma conversa junto com a Maureen Bisilliat e o Sydney Possuelo, que é um sertanista que dirigiu frentes de contato com povos em lugares remotos. Essa também é uma outra mitologia interessante dos brancos, fazer contato com povos em regiões remotas. Como se o remoto fosse o outro. O remoto é sempre o outro. E essa aberração continua justificando a invasão, a conquista e a dominação de um pensamento sobre outras epistemologias ou sobre outras cosmogonias. Esse pensamento que chegou aqui no continente encontrou centenas de cosmovisões, de narrativas de mundo, desde o México, onde escolheram fazer a matriz da igreja da Cidade do México em cima do centro sagrado do povo Asteca. Que é algo que se repete em todas as outras regiões do continente como uma espécie de fixação de construir os monumentos em cima de algum significado transcendente para o povo originário daquele lugar. Seja no Peru, Colômbia, nesses lugares que ganharam diferentes apelidos, mas o centro do poder colonial, como numa sanha de enterrar o pensamento original, põe os seus monumentos, grandes catedrais, grandes instalações em cima desses sítios que poderíamos considerar sagrados, por falta de uma outra palavra mais possível da gente socializar. Se são sítios sagrados, tocar esses lugares deveria ser feito com alguma parcimônia. Não podia seguir um processo de guerra continuada de ocupação desses territórios, desses sítios, como se fosse um modo perpétuo, como se fosse um fluxo civilizatório ou um influxo.

A minha geração contestou a ação imediata do Estado de estrangulamento das nossas vidas, de confinamento das nossas famílias em reservas e da naturalização dessa ideia de que índios vivem em reservas. Isso foi tão naturalizado que, pela faixa etária de vocês, imagino que foi lido nos manuais de escola que os índios vivem em reservas. "Reserva é lugar de índio." Quer dizer, enquanto vivo.

Nessa ocasião que nós nos reunimos no Memorial da América Latina (eu nunca escrevo as minhas falas, elas são sempre expressão do momento que eu estou experimentando no meu encontro com outras pessoas, a presença de vocês é que inspira minha fala, a situação de nosso encontro), eu disse que o Brasil estava sendo feito em cima de cemitérios indígenas. Estavam lá naquele debate as pessoas que eu mencionei para vocês, mas estava também o Claudio Villas-Bôas, que foi um sertanista junto com os seus irmãos, o Orlando e o Leonardo. Os irmãos Villas-Bôas imprimiram as primeiras marcas de bota entrando no sertão até chegar no Xingu, muito bem representando o pensamento bandeirante saindo de São Paulo para levar a civilização para o Centro Oeste. A marcha para o Oeste.

Eles estavam na mesa comigo e houve debate depois. Uma pessoa ofendida na plenária me disse: "O debate foi muito interessante, mas não entendi porque o Krenak disse que o Brasil está sendo construído sobre um cemitério, porque isso é uma imagem muito dura, muito difícil da gente admitir". Eu disse para eles: talvez seja porque vocês não pensam sobre isso. Um pensamento continuado sobre a colonização pode justificar a construção de cidades inteiras em cima de túmulos, de lugares onde vocês enterraram ocupantes ou habitantes originários daquele lugar. Alguém pode dizer que não teve nenhuma cidade no mundo onde não se fez isso. Se você for escavar em Roma, vai encontrar uns cinco, seis, oito, dez estratos lá para baixo. E Roma é um ótimo exemplo, porque foi de lá mesmo que partiu essa sanha de ocupar o resto do mundo com uma monocultura, não no sentindo da produção de alimentos, mas do sentindo de reprodução de ideias. Monocultura de ideias é o que percebo em todo o repertório do pensamento do Ocidente.

Eu não vejo uma diferença entre os períodos de violência instalada na forma da organização política que pode ser chamada de ditadura. Porque no nosso caso, esse marco do tempo não começou com um golpe ou com a República. Antes da República, antes do Brasil se autoproclamar uma República, os períodos coloniais foram tão genocidas quanto continuaram sendo. É como um modo de operar a consolidação de um tipo de cultura sobre as outras. Pensando cultura aqui não só como expressões da arte e da criação no sentindo comum, mas pensando como ideologia.

Nossa geração foi estranhada por ter levantado essa ideia de movimento indígena. Nós criamos uma primeira movimentação chamada União das Nações Indígenas. Já era uma ofensa só por dizer que nós éramos nações. Nações indígenas ofendia ainda mais. A UNI teve duração até a Constituição de 1988, quando a gente conseguiu congregar o maior número de representantes de povos de diferentes regiões do Brasil, desmentindo aquela história de 180 tribos. Fomos mostrando que ainda estavam vivos inclusive aqueles povos que eram declarados extintos. Tem uma obra Darcy Ribeiro chamada "Os índios e a civilização", onde tem uma prancha que é listada os povos que tinham sido extintos no século XX, entre eles estava o povo krenak e muito outros, inclusive os tupinambá de Olivença e alguns da Bacia do São Francisco e mesmo do Amazonas, do Acre, de Rondônia... E é a nossa história nacional, brasileira, que desaparece vertiginosamente com a história dos povos originários. É como se nós tivéssemos que criar uma narrativa eliminando todas as outras. É o que eu chamo de Monocultura.

A Constituição de 1988 significou, de certa maneira, uma afirmação da nossa ideia de confrontar a lógica do colonialismo que estava impregnada na lógica do Estado Brasileiro. Conseguimos imprimir naquele debate da Constituinte pelo menos um princípio de que os povos eram reconhecidos como formas de organizações próprias e precisavam garantir os direitos de reproduzir essas formas de organização própria. A inscrição desses termos na Constituição foi arrancada com muita luta, com a mobilização ampla, que teve participação de diferentes segmentos da nossa sociedade mais ampliada. Teve gente no Brasil inteiro que concordou com essa ideia. E nós conseguimos imprimir na Constituição aquele princípio geral.

De certa maneira, aquilo põe uma linha no tempo que a gente poderia considerar o primeiro marco descolonizador do pensamento jurídico constitucionalista brasileiro, que estava, desde a origem, mobilizado para negar os direitos desses povos. Foi a primeira inserção no que pode ser visto como um movimento que cresceu. E as nas novas gerações dão outra configuração desse movimento, que luta contra barragens, que confronta a ideia de uma infraestrutura estendida das cidades para as regiões onde vivem povos em áreas remotas do país. Nós questionamos essa ideia de remotos, questionamos a ideia de isolados e questionamos principalmente o direito daqueles povos que vieram para cá de continuar a mesma prática de nos caçar dentro da floresta, como se as florestas fossem a última fronteira onde a guerra tem que ser vencida. Ela já teria sido vencida no litoral, ela entrou no Centro Oeste pelas botas dos bandeirantes e está entrando na Amazônia pelos tratores do agronegócio.

Está entrando também na Bacia do Rio Xingu com financiamento do BNDES e com recurso de diferentes fundos públicos e privados para consolidar esse tipo de urbanidade, ou de urbanismo, que o modelo colonial imprimiu nas Américas. Não foi só no Brasil, mas em toda a América. Me incomoda muito, emitindo um pensamento pessoal, que a nossa formação tão plural continue sendo tão unanime no sentindo de que a gente tem que acabar com as flores, acabar com os povos das florestas, para consolidar uma estrutura urbana, estável e civilizada. Esse pensamento continua inspirando as escolas de Engenharia, de Arquitetura e, de certa maneira, até as escolas ligadas ao campo da saúde.

O tal do design se estendeu além das pranchetas dos arquitetos e está impresso também nas embalagens de alimentos. Uma amiga minha que estava andando no Guaporé, numa região onde ainda não tinha muito resto urbano, estava fotografando e avistou ao longe o que pensou que fosse uma garça. E quando ela finamente conseguir ter um bom foco do que seria uma graça, ela descobriu que era uma fraude descartável que estava pendurada num galho sobre o rio Guaporé. Ela ficou chocada porque achava que seria o último lugar do mundo onde poderia ter um resto de um material como aquele, que demora 300 anos para desaparecer da paisagem.

Então, esse design se estende a muitas outras formas de contagem, da ocupação do que pode ser entendido como espaço. E que pode ser entendido, quando nas relações digamos humanizadas, como território, paisagem. Eu fiquei muito feliz de ouvir e assistir documentada algumas das pesquisas que o Paulo e os coletivos que ele integra aqui no Brasil e lá fora, instituindo uma nova base para pensar essa ideia de progresso contínuo. Um direito desse progresso contínuo, uma obrigação, como se fosse alguma coisa que temos todos que compartilhar.

Dentro dessa história colonial, você já viu um espaço potente de encontro entre a cultura indígena e a cultura do homem branco? Que espaço é esse?

Eu vejo esses ensaios acontecendo em diferentes períodos da nossa convivência e em diferentes campos. Quando esse pensamento ambientalista ou ecologista começou a ganhar corpo e chegar nas escolas, nas universidades, nos espaços públicos de troca, e surgiu a semente de alguma coisa que a gente pode identificar hoje como agroecologia ou como agroflorestal, foi um ensaio desse encontro. Ou com a ideia de, no final da década de 1990, pegar uma região da Amazônia e criar uma experiência muito potente de comunidades da floresta, junto com pessoas como Chico Mendes e outras lideranças de dentro da floresta, que inspiraram um governo de um estado amazônico, o Acre, a criar uma plataforma chamada Florestania e dizer que não estava governando para a cidade, mas para floresta. E começaram a difundir a ideia de Florestania. A própria comunidade urbana de Rio Branco, de Cruzeiro do Sul, de Brasiléia, de Xapuri (que é a terra de Chico Mendes), ficou assim com a orelha em pé, meio que pensando: mas antes tinha o papo da cidadania, agora estão emitindo uma outra voz dizendo que pode ser Florestania, que eles querem erguer uma Florestania, uma ideia que dá sentido para quem vive na floresta, uma ideia de que quem vive na floresta tem alguma coisa a dizer.

Quando nós pensamos numa presença consciente e cidadã, ela não é exclusiva de quem nasce no concreto, ela pode ser também de quem está no igarapé... Quem está no meio de uma floresta, quem está cortando seringa nas árvores, caçando, coletando ou até pescando, vivendo no meio da floresta com suas diferentes tecnologias, com seus diferentes recursos de estar vivendo, pode ter essa presença. Isso aproxima um pouco da questão do "bem viver", que traz a possiblidade de outras formas de estar no mundo e de estar vivendo no mundo sem ser numa civilização da mercadoria, como diz o Davi Kopenawa Yanomami.

Davi é um pajé Yanomami, que em colaboração com um antropólogo francês chamado Bruce Albert tornou público um magistral livro chamado *A queda do Céu*. A partir de uma cosmovisão yanomami, uma narrativa sobre a experiência de um povo da floresta, olhando o tipo de mundo que compartilhamos hoje, onde a mercadoria é o totem dessa civilização. Esse pajé Yanomami diz que o Nap, o Branco, é tão apaixonado pela mercadoria que ele olha a mercadoria dele como se fosse a sua namorada. Eu não entendo como o Nap pode ser mais apaixonado pela sua mercadoria do que pela sua mulher. Ele deixa a mulher dele para obter mercadoria, porque mercadoria é mais atraente para ele. Tem um amigo meu que participa dessas conversas, ele disse que ao invés de ser o fetiche da mercadoria, o pajé yanomami descobriu que tem o feitiço da mercadoria, que faz os brancos se sentirem tão atraídos pela mercadoria que eles põem o desejo íntimo de um relacionamento em segundo lugar, e em primeiro lugar o contato dele com a coisa, que é a mercadoria.

Essa crítica da mercadoria, que o Davi Kopenawa Yanomami faz de uma maneira consequente, está relacionada também com a impressão que ele teve quando passou por Washington e viu os pobres na marquise dos grandes prédios, daqueles edifícios enormes dos norte-americanos, flagelados pela fome e pelo frio, e em um número muito grande. Essa cena fez o Davi observar que a riqueza entre os brancos não é para todos. A riqueza é para alguns. E ele ficou horrorizado, dizendo: "se eles são todos os brancos, como deixam os irmãos deles jogados debaixo do frio e da goteira da chuva naqueles palácios que eles moram?" Então essa possibilidade de enxergar a marca que está sendo impressa não só da ocupação dos territórios, mas na maneira de relacionamento entre os povos, é uma leitura que merece atenção.

Vale a oportunidade de dar uma olhada no livro do Davi. Ele foi publicado aqui cinco anos depois de ter saído na França, de ter feito um sucesso na Europa e de ter sido publicado também nos EUA. Apenas cinco anos depois é que ele teve uma edição em português. O que já indica, de certa maneira, a pouca valorização do pensamento ameríndio, do pensamento autóctone, ante a visão abrangente que os civilizados têm do seu mundo. Um mundo em si. Um mundo acachapante, que não precisa de colaboração. E que não abre espaço para que se ofereça uma crítica ou para apresentar uma crítica a essa visão tão completa do que é a civilização e do que são as cidades. Ainda há muito pouco espaço e poucas oportunidades desses encontros se darem de uma maneira criativa. E muitos deles acabam sendo monólogos ou então confrontação de ideias, e não um diálogo.

Eu acredito que, quando o governo do Acre teve coragem de, há cerca de 15 anos atrás, imprimir um programa amplo tomando todo o território do estado como laboratório para essa experiência de Florestania, ele se isolou do resto da Amazônia, que estava louca por uma hidrelétrica. Como depois foi mostrado pelos estados do Pará, Amazonas e Rondônia, que receberam as hidrelétricas e as grandes barragens de Santo Antônio, Girau, Teles Pires, que está sendo feita no território dos munduruku, Belo

Monte. Toda essa sequência de engenharia complexa que continua sendo oferecida como máquina de guerra sobre territórios e povos que pensam e vivem de uma maneira diferente. A minha maneira de atuar, sempre me colocando independente daquelas ideias de me rotular dizendo que eu sou um ambientalista ou um jornalista ou qualquer uma dessas possíveis identificações, é uma maneira, uma estratégia de me inserir no mundo dos brancos. Porque se alguém disser que eu sou jornalista ou que sou ambientalista, está dando um código de abertura para essa minha comunicação com o mundo da técnica.

Eu acredito que o pensamento que mais me inspira é exatamente o que foi transmitido de geração em geração ao longo de muito tempo, para povos que querem continuar vivendo na Terra, tendo a Terra não como uma plataforma, mas como uma extensão da nossa respiração, da nossa presença, um organismo vivo que transpira, respeita, inspira e dá sentido para a gente viver. Esse enunciado pode resumir muito da ideia que é comum a centenas de povos vivendo em diferentes bacias hidrográficas. É interessante lembrar que não é coincidência que nossas aldeias estejam localizadas em rios. Em lugares onde a Terra descansa, onde a Terra cria essa capilaridade expressiva de nos acolher e nos dar comida, bebida.

É muito potente difundir a ideia de que esses lugares que são avistados na floresta, no serrado, na mata atlântica, não são natureza da maneira que os viajantes descreviam, como um Éden. Eles são a nossa casa e eles tem impressão da nossa presença. Mas talvez essa impressão da nossa presença seja tão discreta, ao passo que que tudo aqui é um ato bruto. Mas quando se vê uma imagem de satélite que mostra as formações diferentes, em forma de arcos, em forma de círculos ou mesmo em algumas linhas continuadas dentro da floresta, recobertas por diferentes formações florísticas, se percebe que aquilo não é uma topografia de áreas remotas, aquilo é um lugar com uma inscrição de povos, de culturas que, em diferentes épocas, fizeram esses jardins.

Eu fiquei muito surpreso com a maneira de ler algumas formações de bosques como ruínas, no sentindo de atestar, de documentar presenças anteriores. Achei muito criativa e edificante essa ideia e acredito que potencializar essa ideia, animar essa leitura como um documento, é uma maneira de se criar ambientes afirmativos desses nossos encontros, dessas nossas trocas. É muito interessante que quem pode produzir esses documentos são exatamente as pessoas que saem dessa experiência de formação com as tecnologias que o Ocidente foi constituindo. Nós não teríamos como atestar essas antigas ruínas na floresta se não tivéssemos uma imagem de satélite. Andando no terreno, só as pessoas que já sabem o que tem ali são capazes de reconhecer. Mas não vai ser prova suficiente para mostrar para alguém que está deliberadamente destruindo aquela paisagem que aquele lugar tem algum sentido para ser respeitado, para ser compartilhado, preservado.

Poderia falar um pouco sobre a forma de ocupação das florestas, sobre a relação entre casa, aldeia e território em um sentindo maior, dentro da cosmologia krenak ou de outro povo ameríndio?

Podemos referir a uma espacialidade de povos que nos séculos XVII e XVIII foram muito hostilizados pela coroa portuguesa. Eram chamados de intratáveis e iracíveis, ganhando o apelido de "os botocudos da floresta do rio Doce", e delimitavam um vasto território de preambulação entre os rios Doce e o São Mateus, em uma extensão de mais ou menos 500 km. Um corredor das altas serras de Minas Gerais até o litoral do norte do Espirito Santo. Neste corredor, nesta grande faixa de áreas de floresta, de campina, de transição de cerrado, mas também de mata atlântica – aquilo que os biólogos chamam de ecotomo, onde diferentes ecossistemas se bicam, fazem interação –, os botocudos (de onde vem os krenak, nacreré, guticraque e várias outras famílias, mas todos chamados de "os botocudos" ou aimoré, confundindo os diferentes grupos) faziam deslocamentos, sem não imprimir um assentamento como no formato de aldeia xavante.

Quando um grupo extenso chegava a 80 ou 100 pessoas, se constituía uma unidade seminômade, que em diferentes estações do ano, quando os rios estavam correndo baixo nas terras e na areia, montavam um acampamento próximo do rio, para poder mariscar, para poder pegar as coisas que o rio dava. Aquele manancial era o local de comer, de beber, de convivência. Quando mudava a estação do ano, que eram bem demarcadas naquela região do nosso país, e começavam as chuvas, essas mesmas famílias que estavam na beira do rio iam para as terras altas, para se deslocar pelas as campinas, fazer outras atividades de coleta. Isso incluía parar um tempo em algum lugar, transmitir conhecimento para os novos, aprender a fazer um balaio, cestarias, objetos, reproduzir tecnologias de uso doméstico.

A habitação era muito simples, uma estrutura feita com varas que podia ser de madeira ou, dependendo do lugar, de bambu coberto com folhas de palmeira. Ou alguma outra espécie de vegetação que desse o mesmo resultado. E essas casas, depois de usadas por um período de quatro ou seis meses, eram desfeitas, formando uma primeira matéria para uma agrofloresta. E seis anos depois, por exemplo, eles podiam voltar lá para colher caju, ou biqui ou qualquer outra semeadura que haviam plantado. Essa prática de formar bosques por onde se ia morando era informada por um conhecimento sobre o estado de saúde daquele lugar. Quando alguém começava a se coçar ou sentir cheiro é porque era a hora de sair daquele lugar. O cheiro de gente, de 60, 80 ou 100 pessoas morando por quatro meses num lugar limpo, é percebido. Interessante como milhares de pessoas vivem nas cidades e não percebem o cheiro desse aglomerado. Esse era um sinal, ou indicador – como gostam de dizer os biólogos – de qualidade de vida, porque aquele lugar estava ficando doente, aquele lugar estava adoecendo com a presença excessiva e com a prática daquela ocupação.

Esses deslocamentos eram periódicos, a cada estação do ano, e através de uma área grande. Os grupos percebiam que estavam muito ao norte quando encontrava o povo que estava no que seria o rio Pardo, ou no que é hoje a Bahia, onde esse povo que era chamado de os botocudos encontrava com o que é chamado de pataxó. Esses encontros de caçadores, de coletores, eram um sinal de que a fronteira estava próxima. Era um sinal reconhecido, tinha um contrato social sobre a preambulação nesse território e que não precisava ser demarcado com um muro. Ele podia ser simplesmente reconhecido pelas práticas costumeiras, pelo uso, pelas identidades de cada coletivo.

Esses coletivos tinham uma engenharia complexa de relacionamento que era sinalizada não só pela natureza, mas por outros eventos, que são indicados por outras entidades, das suas práticas, do que poderia ser entendido como a sua subjetividade, mas que para o Ocidente é religião. E imprimiram para nós esses termos de religião. Índio não tem religião. Quem trouxe essa história de religião para cá foram os jesuítas, os missionários. Quando eles viram os nossos ritos, nossa praticas, chamaram isso de religião. Talvez até por entender que aqueles ritos e aquelas práticas eram mais parecidos com o que eles entendiam por religião.

Assim como as implantações e os assentamentos foram se sobrepondo à paisagem, esses equívocos também foram se constituindo na nossa convivência, nos nossos relacionamentos, em uma serie de tapumes sobre visões do mundo, homogeneizando uma ideia de que nós somos "os brasileiros". Isso deve ser colocado em questão também. Esse mito de origem dos brasileiros nunca foi posto em questão. Às vezes nós somos tomados como exemplo, no caso da inauguração de Brasília e da primeira missa, como componentes fundamentais dessa identidade dos brasileiros. O que toca uma ironia muito grande: a gente mata uma das partes da constituição desse mito de origem nosso. A gente já institui o mito matando a metade dele.

Sobre outras ocupações em territórios que não são coincidentes com esses dos nossos antepassados, ali naquela região que ficou reconhecida como rio Doce, na Amazônia existe contextos de assentamentos antigos em diversos rios: no Tapajós, no rio Negro, no Vale do Juruá, no Solimões, onde vive o povo Tikuna, na bacia do rio Madeira, o povo tukano do alto do Rio Negro, assim como seus parentes desana. Todos com narrativas sobre como a humanidade foi distribuída em assentamentos ao longo desses rios e dessas formações do alto relevo e da bacia do Amazonas. Os seus ancestrais foram deixados por uma canoa, a grande canoa da transformação, que foi criando esses assentamentos dessa humanidade primordial naquele lugar, naquela parte do nosso continente. Na América Central, os kuna do Panamá, os xocó, os outros povos vão ter narrativas ancestrais sobre como eles foram semeados naqueles lugares e com que cuidado eles foram postos para serem cuidadores, zeladores daqueles lugares. Supunham que ao alcançar um desses sítios já se tinha um contrato com aquele lugar, que era o de reverenciar e cuidar. Isso é muito parecido com o que o Chefe Seattle falou com o general do exército americano: "vocês são muitos, vocês vão mesmo ocupar isso daqui, então ensina para os seus filhos a tratar essa terra como amor, com respeito". Imagino que ele gostaria de ter conseguido transmitir para as gerações de americanos futuros alguns outros valores sobre a terra.

Muitas pessoas, quando alguém dessas tradições antigas se refere à Terra como nossa mãe, pensam que é só uma poesia. Uma expressão poética. Não alcançam o sentindo dessa declaração. Mas se alguém tiver oportunidade de se aproximar um pouco das cosmovisões desses povos, vai entrar em contato com um sentido muito direto de ser filho da Terra. Ser filho da Terra pode estar muito próximo da ideia de maternidade que algumas culturas têm. De vínculo com a mãe. O que não é uma expressão poética. É de verdade. Na seiva das árvores corre o mesmo sangue que corre nas nossas veias, elas são vivas, elas dão sonhos, dão medicina, dão visão para o nosso pajé. Há outro estigma que o pensamento civilizado também imprime na natureza: quando eles dizem que uma planta é boa ou uma planta é má, quando eles dizem que tem erva daninha, ou quando eles dizem que tem um veneno, é uma classificação profundamente influenciada por um pensamento discricionário, preconceituoso e ignorante, porque isso não existe. Isso é uma fantasia do pensamento de quem acha que a natureza é a nossa inimiga. Ela precisa ser domada.

Parece que o mote da civilização é domar a natureza, como se a natureza fosse um potro selvagem. Ela vai pegar a natureza e domar. Além de ser perigosa, ela está na iminência de nos engolir, então a gente precisa criar um sistema de segurança complexo, vasto, para controlar essas tendências da natureza. Eu escutei uma mulher indígena que vive na região dos lagos na América do Norte dizer, numa conferencia dessas sobre clima: "as nossas histórias antigas falam o tempo inteiro de todas as mudanças que acontecem, vocês já ouviram a notícia de quando aquela montanha surgiu?" Ela estava contando uma historia de quando a terra estava ganhando a configuração que o painel do clima fotografou. O painel do clima fotografou esse organismo num momento e não registrou os outros eventos anteriores.

Tem um camarada que escreveu um livro chamado *História da Mata Atlântica, a ferro e fogo*, se chama Warren Dean, contando como a Mata Atlântica se formou, e diz que muito provavelmente o povo tupinambá, que ocupava toda essa costa atlântica, foi o configurador do que é a Mata Atlântica. Essa paisagem, esse jardim que é a Mata Atlântica, que é diferente da floresta do rio Doce, que é diferente da floresta de chuva da Floresta Amazônica, assim como as outras florestas, nasceu da interação humana de cerca de cinco mil anos. Nos seus estudos, Warren Dean estabelece uma direta relação entre as levas humanas que foram atravessando os Andes, o cerrado, a catinga, a Mata Atlântica e os diferentes estágios de tecnologias que esses povos foram desenvolvendo para poder estabilizar o tipo de civilização que os portugueses e espanhóis encontraram quando chegaram aqui nesse continente. Eles chegaram surpresos com aquele Éden que estavam vendo, naturalmente porque acreditavam que Deus tinha criado um jardim e botado algumas pessoas para cuidar. Nós estamos convictos que os jardins aqui da Terra fomos nós que criamos. Deus veio depois, para passear no jardim. O que, aliás, é um serviço muito legal de se fazer.

Pensando nessa percepção do "índio que vive em aldeia", como seria o índio que vive na cidade? Como você vê a possibilidade de espaço para o índio na cidade, considerando esse território maior do Brasil?

A gente precisaria tomar em conta o histórico das relações entre cidade e floresta. Considerando que quando a gente fala "floresta", não estamos falando só sobre a "floresta da chuva". Daquela impressionante Floresta Amazônica onde aparece a Samaúma e aparece aquela imensidão de diversidade biológica estonteante que todo mundo fica pasmado. Também estamos falando em todas as transformações que vão se estendendo por toda essa região que é a América do Sul, que é o pantanal no Mato Grosso, o cerrado, esses ecossistemas ou esses microssistemas. Se nós pensamos os assentamentos urbanos, as cidades, e consideramos o histórico de relação quase oposto entre os territórios de "floresta", nós podemos considerar o seguinte: a ideia de aldeias indígenas foi trazida de Portugal e implantada pelos jesuítas. Não tinha aldeia indígena aqui.

"Aldeia indígena" é uma categoria de assentamento instituída pelo poder colonial. Era levada para as aldeias exatamente aquela gente indígena que era considerada pela coroa portuguesa, pelos jesuítas e por toda a teologia da época como bárbaros, gentios. Era assim que eles se referiam àquela gente que ainda tinha rituais como o Toré e o Quarup. Eles eram bárbaros. Eles eram gentios. Tinham que ser trazidos ao seio da convivência cristã, da cristandade. E para isso foram implantadas aldeias. O *status* dos moradores em aldeias era diferente dos que ficavam no mato. Os que ficavam no mato continuavam sendo considerados "gentios". Tem uma clara diferença entre os povos indígenas que viviam fora dos aldeamentos e os que viviam dentro dos aldeamentos. Existem muitas cartas de governadores, do Mem de Sá e os colegas dele, pedindo reforços ao rei porque as aldeias eram atacadas pelos "gentios". Ora, se aldeia fosse lugar de índio viver, eles não estariam atacando aqueles lugares.

E isso só mudou quando Marques de Pombal decidiu que aldeia não era uma boa, que aldeia não botava em situação segura o projeto colonial, e começou a desmobilizar aquele sistema de aldeamento que os jesuítas tão bem implantaram e que foi considerado um modelo tão bacana que tem até um filme chamado *Republica Guarani*, do Sylvio Back, que mostra essa experiência animadora de convivência entre as missões jesuíticas e os povos indígenas, em especial os guarani. Ele sugere que tinha um modelo ideal de relacionamento entre o poder colonial e o jeito do povo indígena ser ou viver. Na verdade, nem as aldeias jesuíticas, nem as missões dos Sete Povos eram lugar de índio. Eram reduções onde os índios foram levados para serem civilizados. Aldeia era lugar de civilizar os índios.

Fora desses controles, você tem povos vivendo suas expressões próprias, suas organizações, sua maneira de se reproduzir socialmente, culturalmente, suas economias. Economias invisíveis aos olhos de quem não para para observar. Mas economias que foram o suficiente para manter vivos esses diferentes povos durante milhares de anos. Havia uma prática econômica, porque senão as pessoas não teriam como se organizar em sociedade, reproduzir aquela formula de sociabilidade e prosperar do seu modo, em outros termos. A ideia de prosperar foi capturada pela ideia de progresso e de expansão.

A ideia de bem-viver, que é um pensamento traduzido para o

português de uma profunda prática em outras regiões dos Andes, e que tem uma palavra em Quichua, Sumak Kawsa, e outra em Aymara, Suma Qamaña, que nomeiam essa maneira de ser, de bem-viver, é onde a atividade da produção é feita para proporcionar vida de qualidade para os humanos e para o lugar onde essa produção é feita. Que é a ideia do Sumak Kawsa, que vem para o Brasil traduzida de uma maneira que pode confundir as pessoas, fazendo parecer que estamos oferecendo um programa de bem estar. Em português, "bem viver" pode parecer uma vida de condomínio, e não tem nada a ver com isso, pelo contrário. É viver somente pelo que a terra pode proporcionar, sem exaurí-la. Seria como poder ir no igarapé, tomar banho, beber água dele até que ele possa dar água. E que você mude de lugar quando o cheiro estiver insuportável ou quando o cheiro mostrar sinal que pode ficar insustentável viver naquele lugar.

Esses movimentos migratórios foram confundidos com nomadismo, mas se sabe que não tem nenhum povo nômade vivendo aqui. Tem maneiras de descrever essa ação de circulação no território em algumas diferentes culturas. Entre os amigos do Paulo Tavares, que se deslocam no cerrado, que são caçadores-coletores, tem um período do ano que eles fazem uma atividade que se chama Zomori, que é um deslocamento que forma como uma parábola circular cheia de desenhos por um território já conhecido. Quando eles saem para fazer esse caminho, já sabem o desenho que vai ser feito. Ao longo de 10 anos, 20 anos, 30 anos, 100 anos, esses desenhos vão configurando um roteiro. Que pode ser percorrido em diferentes épocas e encontrando a mesma prosperidade, a mesma fartura ou até mais fartura do que a última vez que se passou lá. Então não se exaure o caminho por onde se passa. Ao contrário, se enriquece o caminho, porque da próxima vez que passar com mais gente, vai ter mais suprimento.

Isso é o mais próximo de exemplo que a gente pode dar dessa ideia que foi traduzida para o português de bem viver. E que toca muito no encontro que estamos fazendo e na maneira que foi conduzida a ideia de repensar as nossas produções, as nossas práticas para nos encaixar num modelo que pode ser o modelo da Terra. E não imprimir na Terra um modelo antropocêntrico.

Você falou de formas de sociabilidade. E o Paulo Tavares sobre a forma da aldeia xavante, que tem a organização da aldeia em meia lua. Então, qual a relação que você percebe entre a forma desses aldeamentos e os costumes sociais dos habitantes? Quando um traçado urbano é imposto, os costumes sociais são simultaneamente transformados?

Existe uma relação tão flagrante que a primeira coisa que os salesianos fizeram quando enquadraram os bororo do Barra do Garças, da aldeia Meruri, foi deformar o desenho daquele assentamento. Fizeram casas, uma encostada na outra como se fosse uma rua, e reproduziram o modelo de rua dos desenhos implantados pelos jesuítas – para que tivesse a prefeitura, as travessas, a praça. Eles pegaram um pedaço daquilo e obrigaram os bororo a saírem de suas casas, que foram consideradas "promíscuas" e "insalubres", pois eram feitas de palha e tinham o chão de terra. Então eles foram obrigados a morar naquelas casas alinhadas, porque aquelas casas "conservavam melhor a saúde e protegiam as pessoas". Eles pegaram aquelas famílias, que são famílias extensas, não são famílias nucleares, e que por isso eram consideradas promíscuas pelos missionários salesianos e a administração do Estado, e as separaram para que morassem em "casinhas de família", reproduzindo o modelo de família dos colonos. Alterando as formas de relacionamento, a sociabilidade, e forçando as pessoas para que morassem em bloquinhos.

Essa mudança foi tão dramática que algumas pessoas negaram-se a morar naquelas casinhas e ficaram abandonadas, porque já não tinham nem a sua aldeia original nem a nova aldeia feita pelos padres. Muitos adoeceram, já que agora tinham que ficar num cubículo, morando num lugar fechado. Isso causou mais problemas de saúde, desestruturou as relações internas entre as famílias. Causou muito dano, ao ponto deles atravessarem uma boa parte do século XX lutando pra reconstituir a forma de habitação que tinham antes dos padres chegarem. E são muitas situações como essa. A desconfiguração foi do formato de moradia que constituía uma polis, aquele lugar onde toda a sociabilidade, os rituais, as trocas, os intercâmbios entre pessoas aconteciam. Ao desaparecer com aquele lugar, se cria uma outra configuração, onde as pessoas precisam repensar como se relacionariam aqui.

Além disso, é importante considerar que aquela configuração era tão informada pela visão, pelas subjetividades que dão sustentação àquela vida, àquela forma de cultura, que está muitas vezes orientada pelas estrelas, pela Via Láctea ou por algum planeta. Então muitos desses assentamentos aqui na Terra, além de estarem relacionados com muitos eventos da geografia do território, também estão relacionados com outras narrativas, com informações que são do cosmos. É por isso que são cosmovisões. Não são só informações acerca de um espaço e de uma disposição de meios, mas está profundamente informado também pela relação do céu com a terra, das diferentes narrativas que cada um desses povos guardam e que orientam até a forma de fazer a casa.

Isso que é a unidade – casa – reproduz, em alguns casos, o desenho do corpo. Ela pode corresponder a uma leitura do nosso corpo físico. E a disposição dos materiais que constróem esse habitat, essa casas, também. E o conjunto daquelas casas na relação dos clãs que ocupam cada uma delas. Todas essas configurações são informadas por elementos profundos que eu não tenho conhecimento de maneira descritiva para dizer para vocês. Nem saberia dizer quantos são, porque a gente tem muitas formas diferentes de habitar. Mas que todas elas supõem um arranjo que não é só abrigo. Não são somente abrigos, são constelações de habitats correlacionados com outros eventos que tem a ver com sol, com chuva, com os ventos, com os pássaros, com tudo.

Você nos contou sobre a relação entre a organização dos assentamentos e à cosmologia especifica daquele povo. Quando essa ocupação se altera, a cosmologia muda, ou ela sempre permanece original?

Eu não conheço situação de mudança na cosmologia. Eu conheço situação de mudança grave na experiência de vida das pessoas. Porque tem um ruptura do ethos, do jeito de ser daquele povo, com a nova forma de vida que ele é obrigado a se constranger para levar. Isso causa um dano grave ao que poderia, em certo sentido, ser a cosmovisão, considerando que ela tem elementos de informação sobre o que está acontecendo em volta, sobre as mudanças que ocorrem.

Você pode comentar a relação entre espaço individual e coletivo nesses assentamentos? Existe essa noção do espaço individual ou de privacidade?

É uma maravilhosa oportunidade de dizer que essa invenção do indivíduo é um outro presente que nós recebemos do Ocidente. Aqui não tinha indivíduos. Eu costumo insistir muito com as pessoas com quem eu converso, dizendo que eu gostaria de encontrar sujeitos coletivos, mas eu só encontro muitos indivíduos por onde eu ando. A ideia da aculturação dos sujeitos coletivos e sua transformação em indivíduos é umas das máquinas mais poderosas de destruição que a cultura do Ocidente trouxe para esses povos que sempre perceberam a constituição da pessoa como um evento coletivo. Uma criança não nasce sozinha, ela é sonhada. Uma mulher não desenvolve o tempo da sua maternidade como um indivíduo, ela faz isso como integrante de um grupo de idades, de um clã, de uma complexa rede de relações onde todo mundo sabe e cuida do seu estado. A evolução dessa experiência de maternidade é vivida coletivamente e o evento do parto é um evento social. O parto não é particular e não acontece numa casa, numa família, ele acontece num povo.

Isso não é uma idealização. Quando a FUNASA, a SESAI ou o governo, através das suas ferramentas da saúde, invadem esses corpos e pegam uma jovem mãe indígena e a levam para fazer uma cesariana nos hospitais espalhados pelo país, está sendo praticada uma tortura, uma violência indescritível. E, se existe alguma possibilidade de questionar esse cuidado da saúde, a assistência da saúde indígena sugerir às mulheres indígenas que uma cesariana é mais "saudável, segura e limpinha" do que a mãe dela, a avó dela, as parteiras da aldeia fazerem o parto da criança é uma violência absurda.

E essa violência é institucionalizada, porque ela vem junto com o reconhecimento de que aquele povo tem um assentamento. O complexo de admitir que aquele povo tem um assentamento inclui todas essas outras cunhas de intervenção. Intervir nos corpos das mulheres, intervir na educação das crianças e intervir na formação dos jovens. Intervir na interrupção dos ritos de iniciação e passagem – que são a formação da pessoa. As pessoas são constituídas ao longo de um dedicado processo de transmissão que envolve inserir aquela pessoa no território, no ambiente, na unidade do clã, das partes que ele integra. Mesmo se esse povo já tiver sofrido um desastre tão grande que as suas marcas de clã e de parte tiverem sido diluídas, ainda existe uma unidade identitária que insiste em cuidar que a formação da pessoa seja um processo de cuidado. A formação da pessoa nasce num evento de cuidado. Então não tem indivíduo.

O elogio ao indivíduo é a máxima do Ocidente. O Ocidente quer um cara que seja vitorioso, campeão, incrível, incomparável. Não tem outro igual ele. Esse sujeito é a pessoa que vence no Ocidente. Não se faz o elogio ao sujeito coletivo que compartilha, que quer ser solidário, que quer estabelecer relações plurais com todos os outros possíveis e se reconhecer nessas relações como parte. Existe no Ocidente uma ideia dominante de imprimir um pensamento, uma racionalidade que corta o fluxo de compartilhamento entre as pessoas.

Eu acredito que todos vocês percebem o quanto que esse indivíduo se identifica com aquilo que é chamado de "ego". Então quando fazem um elogio desse campeão, desse indivíduo, você está fazendo um monumento ao ego desconhecido. A gente espalha muitos desses monumentos por aí, dá medalhas e é uma competição que acontece no microcosmo entre pessoas, que se reproduz na sociedade e que tem consequências gravíssimas para todos os ambientes mais amplos que compartilhamos.

Como você vê as apropriações e a representatividade da cultura indígena na academia e no campo da arte?

Esse ano, o MASP, escolhendo um bom lugar para gente refletir sobre o assunto, resolveu, finalmente, chamar um seminário interno para discutir como os museus e galerias deveriam abordar essa produção da arte contemporânea indígena ou da arte indígena. Foi interessante, porque eles não sabiam se chamavam de "contemporânea" ou só de "arte" mesmo, porque, no caso de ser indígena, ficava ambíguo chamar de contemporâneo. Mas, como alguns objetos extraídos de diferentes contextos indígenas estão no Guggenheim, no MOMA, em Bruxelas, na Documenta de Kassel, eles ficaram grilados e falaram: deve ser contemporâneo. Convidaram meu amigo querido, Davi Kopenawa Yanomami, chamaram um jovem Yanomami, que tem trabalhos expostos na Fundação Cartier-Bresson, chamaram também Edson Kayapó, que é um professor de história e que dá aula nas escolas de ensino médio dos Pataxó, em Porto Seguro. Convidaram também o Pedro Cesarino, que é um antropólogo que trabalha esse tema da produção do que seriam objetos no contexto dessas diferente culturas, a professora Lux Vidal que publicou a primeira obra que foi chamada de arte indígena, sobre grafismo, pinturas de corpo, e a Dominique Gallois que trabalha com o trânsito dos artefatos e dos objetos, rituais, da cultura de diferentes povos, para os espaços do que seria um museu.

Até avançando a experiência de criar espaços que seriam museológicos juntos com os Waiãpi e com outros povos que se interessaram por essa experiência. Foi convidada também uma parente nossa que está fazendo um mestrado no Museu Nacional, que é a Sandra Benites. A Sandra tinha participado da curadoria da mostra que está no MAR, *Dja Guata Porã*.

Ou seja, o encontro do MASP foi com um grupo bem plural, com diferentes experiências para tratar do assunto, e o seminário foi muito rico porque ele revelou, em primeiro lugar que o MASP – que existe há mais de 60 anos – pela primeira vez tinha decidido pensar o que tinha passado pelo museu, ao longo de sua história, com relação à arte indígena. Curiosamente, descobriram que uma única exposição sobre arte indígena aconteceu em 1948 e tratava da arte Karajá, apresentando uma iconografia que descrevia a arte Karajá.

Agora está se pensando essa questão, abrindo uma discussão sobre o assunto, e a maioria das pessoas questionou muito a ideia de objetos que são produzidos num determinado contexto serem retirados dali e levados para outra situação onde eles não falam mais nada. Apenas ilustram a curiosidade de alguém sobre aquilo, sobre a forma, sobre a estética, sobre o material. Ou seja, sobre as relações daquele objeto com qualquer signo da cultura do Ocidente. Os contextos e os sentidos que aqueles objetos são pensados, são mundos que se esvaziam com esse deslocamento. A retirada deles dali é como ver aqui uma máscara africana. Quando se questiona o que está fazendo uma máscara africana aqui, responde-se que "achamos bonita". É como pegar o banco do pajé e pendurar na parede. Esse banco é uma nave para ele sentar e voar, ao pregar na parede, ele não voa mais.

São comentários mais críticos sobre a abordagem, a não ser o que fizeram em Inhotim, onde, depois de muita negociação, em Minas Gerais, em um espaço imenso, muito privilegiado, implantaram o pavilhão Yanomami, ou pavilhão Claudia Andujar. Esse pavilhão que eu chamo de Yanomami, e gosto da Claudia Andujar, às vezes também chamo de pavilhão Claudia Andujar, foi um reconhecimento à interação que a fotógrafa Claudia Andujar, ao longo da sua vida, estabeleceu com a estética Yanomami, com o jeito dos Yanonami de representar mundo e sua cosmovisão. Então é uma acervo das fotos da Claudia Andujar e o histórico de movimentação que foi feito a partir da campanha que a fotógrafa iniciou para criar um território Yanomami, respeitar aquele território Yanomami e as representações que alguns artistas Yanomami fazem do mundo simbólico. A representação de mundo que os Yanomami compartilham. Então não tem objetos, não tem uma canoa, não tem um remo, não tem uma borduna, não tem um cocar, porque foi uma leitura do que é a arte para aquele povo, numa interação muito sensível que é um exemplo desses convívios de se reconhecer a colaboração que a Claudia conseguiu inaugurar com os Yanomamis. Tem uma exposição permanente lá dentro que é muita bonita, e todo o espaço foi concedido para isso. A arquitetura foi resultado da ida do coletivo de arquitetos do Inhotim para o território Yanomami para se inspirar e pensar o que seria esse pavilhão.

Quando eu cheguei nesse edifício, eu consegui sentir alguma comunhão com o Shabono que é a habitação Yanomami. Percebe-se a ideia de um abrigo dentro da floresta, com a toda sua organicidade expressada em tijolos de cerâmica, feitos com um material duro, durável, mas levando uma impressão forte do tipo de habitação que inspirou aquela arquitetura. Eu achei muito interessante que quando você fica dentro da casa Yanomami – eu e Luize ja estendemos rede dentro Shabono dos Yanomamis no Demini. Ficamos alguns dias com eles. Quando você está de noite, dentro daquela habitação coletiva, e em volta só tem floresta, a possibilidade de uma onça querer o visitar é muito grande. Todos tem um foguinho debaixo da sua rede. A noite inteira tem aquela constelação de foguinhos dentro de casa, são pequenas fogueirinhas assim, que alguém atiça da rede mesmo. Aqueles pequenos foguinhos são um bom aviso para onça não chegar. Além disso, tem a estrutura mesmo do Shabono, aquele estrutura circular, que deve deixar a onça respeitosa com aquela ambiente. Os arquitetos conseguiram levar para dentro de Inhotim um pouco desse sentimento de abrigo, de fortaleza dentro da floresta, é interessante porque ele é uma fortaleza penetrável. Você pode entrar e sair por todos os lugares mas é uma fortaleza, Talvez, ligando essa minha impressão pessoal com essa experiência de arquitetura que se permite atravessar, eu consiga estabelecer uma comunicação direta com o que o Paulo estava insistindo com vocês, de que é possível pensar um outro tipo de serviço que a arquitetura e o urbanismo podem nos proporcionar, que não seja só a reprodução das fortalezas impenetráveis, começando a pensar em fortaleza penetráveis. E a gente aproveita e homenageia o Hélio Oiticica.

A HUMANIDADE QUE PENSAMOS SER

DEPOIMENTO A RITA NATÁRIO E PEDRO NEVES MARQUES,
TEATRO MARIA MATOS, LISBOA, MAIO DE 2017

Talvez a gente esteja muito condicionada a uma ideia de ser humano e a um tipo de existência. Se a gente desestabilizar esse padrão talvez a nossa mente sofra uma espécie de ruptura, como se caíssemos num abismo. Quem disse que a gente não pode cair? Quem disse que a gente não caiu já? Houve um tempo em que o planeta que chamámos Terra juntava os continentes todos numa grande Pangeia. Se olhássemos de um outro lugar do céu tiraríamos uma fotografia completamente diferente do planeta. Quem sabe se, quando o Iuri Gagarin disse "a Terra é azul", tenha feito um retrato ideal daquele momento para essa humanidade que nós pensamos ser. Ele olhou com o nosso olho, viu o que a gente queria ver. Existe muita coisa que se aproxima mais daquilo que pretendemos ver do que se podia constatar se juntássemos as duas imagens: a que você pensa e a que você tem. Se já houve outras configurações da Terra, inclusive sem a gente aqui, porque é que nos apegámos tanto a esse retrato com a gente aqui? O Antropoceno tem um sentido incisivo sobre a nossa existência, a nossa experiência comum, a ideia de humanos. O nosso apego a uma ideia fixa de paisagem da Terra e de humanidade é a marca mais profunda, é o osso duro de roer do Antropoceno.

Essa configuração mental é mais do que uma ideologia, é uma construção do imaginário coletivo - várias gerações se sucedendo, camadas de desejos, projeções, visões, períodos inteiros de ciclos de vida dos nossos ancestrais que herdámos e fomos burilando, retocando, até chegar à imagem com a qual nos sentimos identificados. É como se tivéssemos feito um photoshop na memória coletiva planetária, entre a tripulação e a nave, onde a nave se cola ao organismo da tripulação e fica parecendo uma coisa indissociável. É como parar numa memória confortável, agradável, de nós próprios, por exemplo, ao colo da nossa mãe mamando: uma mãe farta, próspera, amorosa, carinhosa, alimentando-nos forever. Um dia ela move-se e tira o peito da nossa boca. Aí, a gente dá uma babada, dá uma olhada em volta, reclama porque não está vendo o seião da mãe, não está vendo aquele organismo materno alimentando toda a nossa gana de vida, e a gente começa a estremecer, a achar que aquilo não é mesmo o melhor dos mundos, que o mundo está acabando e a gente vai cair nalgum lugar. Mas a gente não vai cair em lugar nenhum, de repente o que a mãe fez foi dar uma viradinha para pegar um sol mas, como estávamos tão acostumados, a gente quer mais é mamar.

FIM DO MUNDO E PÁRA-QUEDAS PRAZEIROSOS

O fim do mundo talvez seja uma breve interrupção de um estado de prazer extasiante que a gente não quer perder. Parece que todos os artifícios que foram buscados pelos nossos ancestrais e por nós têm a ver com o prazer. Quando se transfere isso para a mercadoria, para os objetos, para as coisas exteriores, se materializa no que a técnica desenvolveu, no aparato todo que se foi sobrepondo ao corpo da mãe-Terra. Todas as histórias antigas chamam a Terra Mãe, Pacha Mama, Gaia. Uma deusa perfeita e infindável, fluxo de graça, beleza e fartura. Veja-se a imagem grega da deusa da prosperidade que tem uma canastra que fica o tempo todo jorrando riqueza sobre o mundo... Noutras tradições, na China e na Índia, nas Américas, em todas as culturas mais antigas, a referência é de uma provedora maternal. Não tem nada a ver com a imagem masculina ou do pai. Todas as vezes que a imagem do pai rompe nessa paisagem é sempre para depredar, detonar e dominar.

O desconforto que a ciência moderna, as tecnologias, as movimentações que resultaram naquilo que chamámos de "revoluções de massa", etc, tudo isto não ficou localizado numa região mas cindiu o planeta a ponto de, no século XX, termos situações como a Guerra Fria em que você tinha, de um lado do Muro, uma parte da humanidade e a outra, do lado de lá, na maior tensão, prontos para puxar o gatilho para cima dos outros. Aquilo também é um fim de mundo. Não tem fim do mundo mais eminente do que quando você tem um mundo do lado de lá do muro e outro do lado de cá tentando adivinhar o que outro está fazendo. Isso é um abismo, isso é uma queda. Então a pergunta a fazer seria: "Por que tanto medo assim de uma queda se a gente não fez outra coisa nas outras eras se não cair?"

Já caímos em diferentes escalas e diferentes lugares do mundo. Mas temos muito medo sobre o que vai acontecer quando a gente cair. Sentimos insegurança, uma paranoia da queda porque as outras possibilidades que se abrem exigem implodir essa casa que herdámos, que confortavelmente carregamos em grande estilo, mas o tempo inteiro cagando de medo. Então, talvez o que a gente tenha de fazer é descobrir um pára-quedas. Não eliminar a queda, mas inventar e fabricar milhares de pára-quedas. Pára-quedas coloridos, divertidos, inclusive prazerosos. Já que aquilo de que realmente gostamos é de gozar, de ter prazer, de viver no prazer aqui na Terra. Então, que a gente pare de despistar essa nossa vocação e, em vez de a gente ficar inventando outras parábolas, que a gente se renda a essa principal e não se deixe iludir com o aparato da técnica. Na verdade, a ciência inteira vive subjugada por essa coisa que é a técnica.

O MUNDO TRANSFORMOU-SE NUMA FÁBRICA DE CONSUMIR INOCÊNCIA

Há muito tempo que não existe alguém que pense com a liberdade do que aprendemos a chamar de cientista. Acabaram os cientistas. Toda a pessoa que seja capaz de trazer uma inovação nos processos que a gente conhece é capturada pela máquina de fazer coisas, da mercadoria. Antes dessa pessoa contribuir, em qualquer sentido, para abrir uma janela de respiro para esta nossa ansiedade de perder o seio da mãe, vêm logo com um aparato artificial para dar mais um tempo de canseira na gente. É como se todas as descobertas estivessem condicionadas e a gente desconfiasse das descobertas, como se todas fossem trapaça. A gente sabe que as descobertas no âmbito da ciência, as curas para tudo e mais alguma coisa, são uma baba. Os laboratórios planejam com antecedência a publicação das descobertas em função dos mercados que eles próprios configuram para esses aparatos, com o propósito de apenas continuar a fazer a roda girar. Não uma roda que abre outros horizontes e acena para outros mundos no sentido prazeroso, mas outros mundos que só reproduzem a nossa experiência de perda de liberdade, de perda daquilo a que podemos chamar inocência. O mundo transformou-se numa fábrica de consumir inocência e deve ser potencializado cada vez mais para não deixar nenhum lugar habitado pela inocência. A inocência no sentido de ser simplesmente bom, sem nenhum objetivo. Gozar sem nenhum objetivo. Mamar sem medo, sem culpa, sem nenhum objetivo. Nós vivemos num mundo em que você tem de explicar porque é que está mamando.

O LUGAR DO SONHO E O MUNDO ENCOMENDADO

De que lugar se projetam os pára-quedas? Do lugar onde são possíveis as visões e o sonho. Um outro lugar que a gente pode habitar além dessa Terra dura: o lugar do sonho. Não o sonho comumente referenciado de quando se está cochilando ou que a gente banaliza "estou sonhando com o meu próximo emprego, com o próximo carro" mas que é uma experiência transcendente onde o casulo do humano implode de dentro para fora e a experiência espiritual e transcendente abre para outras visões da vida não limitada. Talvez seja outra palavra para o que costumamos chamar de natureza. Não é nomeada porque a gente só consegue nomear o que experimentamos. O sonho como experiência de pessoas iniciadas numa tradição para sonhar. Assim como quem vai para uma escola aprender uma prática, um conteúdo, uma meditação, uma dança, pode ser-se iniciado nessa instituição para seguir, avançar num lugar do sonho. Alguns xamãs ou mágicos habitam ou têm passagem por esses lugares. São lugares com conexão com o mundo que partilhamos, não é um mundo paralelo mas tem uma potência diferente.

Quando por vezes me falam em imaginar outro mundo possível neste mundo, é no sentido de reordenamento das relações e dos espaços, de novos entendimentos sobre como podemos relacionar-nos com aquilo que se admite ser a natureza, como se a gente não fosse natureza. Na realidade estão invocando novas formas de os velhos manjados humanos coexistirem com aquela metáfora da natureza que eles mesmos criaram para consumo próprio. Todos os outros humanos que não somos nós, estão fora, a gente pode comê-los, socá-los, fraturá-los, despachá-los para outro lugar do espaço, mas nós, esses selecionados humanos, estamos aqui para pensar outros mundos, onde se vai continuar fazendo a mesma aplicação, detonando com eles e produzindo outros de acordo com as nossas expectativas futuras. O estado de mundo que vivemos hoje é exatamente o mesmo que os nossos antepassados recentes encomendaram para nós.

Na verdade, a gente vive reclamando, mas essa coisa foi encomendada, chegou com lacinho e aviso: "Depois de abrir o embrulho, não tem troca". Há duzentos, trezentos anos atrás ansiaram por esse mundo. Montes de gente decepcionada, pensando: "Mas é esse mundo que deixaram para a gente?" Qual é o mundo que vocês estão agora empacotando para deixar às gerações futuras? Ok, você vive falando de outro mundo, mas já perguntou para as gerações futuras se o mundo que você está encomendando é o que eles estão querendo? A maioria de nós não vai estar aqui quando a encomenda chegar. Quem vai receber são os nossos netos, bisnetos, no máximo filhos envelhecidos. Se cada um de nós pensa um mundo, serão trilhares de mundos, e as entregas vão ser feitas em vários locais. Que mundo e que serviço de delivery você está chamando? Há algo de insano quando nos reunimos para repudiar esse mundo que recebemos agorinha, no pacote encomendado pelos nossos antecessores, há algo de pirraça nossa sugerindo que, se fosse a gente, tínhamos encomendado muito melhor.

FORA DA DANÇA CIVILIZADA DA TÉCNICA

Devíamos admitir a natureza como essa imensa multitude de formas incluindo cada pedaço de nós, que somos partes de tudo: 70% de água e um monte de outros materiais que nos compõem. E a gente cria essa abstração de unidade, o homem como medida das coisas, e saímos por aí atropelando tudo, num convencimento geral até que todo o mundo aceita que existe uma humanidade que confere consigo mesmo, agindo no mundo à nossa disposição, pegando o que a gente quiser. Esse contato com outra possibilidade implica a gente escutar, sentir, cheirar, inspirar, expirar aquelas camadas do que ficou fora da gente como "natureza", mas que por alguma razão ainda se confunde com natureza. Tem alguma coisa dessas camadas que são quase humanas. Uma camada identificada por nós que está sendo sumida, que está sendo exterminada da interface de humanos muito-humanos – os quase-humanos. Os quase-humanos são milhares de pessoas que o Eduardo Viveiros de Castro chamou de indígenas (não precisa de ser índio propriamente) que insistem em ficar fora dessa dança civilizada, da técnica, do controle do planeta. E por dançar uma coreografia estranha são tirados de cena, por epidemias, pobreza, fome, violência dirigida.

Já que se pretende olhar aqui o Antropoceno que pôs em contato mundos que foram capturados para esse núcleo preexistente de civilizados – no ciclo das navegações quando se deram as saídas daqui para a Ásia, África e América – é importante lembrar que grande parte daqueles mundos desapareceram sem que fosse pensada uma ação de eliminar aqueles povos. O simples contágio do encontro entre humanos daqui e de lá fez com que essa parte da população desaparecesse por um fenômeno que depois se chamou epidemia, uma mortandade de milhares e milhares de seres. Um sujeito que vinha da Europa e descia numa praia tropical largava um rastro de morte por onde passava. O indivíduo não sabia que era uma peste ambulante, uma guerra bacteriológica em movimento, um fim de mundo, tampouco as vítimas que eram contaminadas. Para os povos que receberam aquela visita e morreram, o fim do mundo foi no século XVI. Não estou liberando o agrave e a responsabilidade de toda a máquina que moveu as conquistas coloniais, estou chamando atenção para o facto de que muitos eventos que aconteceram foram o desastre daquele tempo. Assim como nós estamos hoje vivendo o desastre do nosso tempo ao qual algumas seletas pessoas chamam Antropoceno. Para a grande maioria está sendo chamado de caos social, desgoverno geral, perda de qualidade no cotidiano, nas relações. Estamos todos jogados nesse abismo.

UM POSSÍVEL OUTRO MUNDO

FALA REALIZADA NO ENCONTRO
OS MIL NOMES DE GAIA,
RIO DE JANEIRO, 2015

Imersos nesse pensamento ocidental, imersos nesse imenso campo de ideias que o Ocidente derrama sobre si mesmo numa potência incomparável de se reproduzir, e quase que bloqueados na possibilidade de olhar além das nuvens, de ser tocado por aquelas estrelas que foram evocadas aqui, que atingem o pensamento, as visões que constroem, que alimentam a percepção de mundo daquelas pessoas que escapam de alguma maneira a esse domínio de uma ideia sobre a Terra, sobre o lugar onde nós vivemos no mundo, as elaborações que nós temos sobre o que é essa Gaia, o que é esse organismo que nós compartilhamos, que nós somos talvez uma mínima célula desse enorme organismo vivo, que nós até mencionamos, citamos, damos nomes e apelidos para ele, mas como filhos que não conheceram os pais, falamos os nomes deles mas não sabemos o cheiro que eles tem, não sabemos o volume que eles tem, não sentimos a pressão deles sobre nós.

Eu sinto a esperança que o nosso querido Davi Yanomami anuncia de o seu pensamento integrar a filosofia dos brancos como uma visão extremamente generosa e um desejo radical desse yanomami de construir alguma ponte entre as visões que os filósofos, que a ciência, que o mundo conseguiu manter em pé até hoje, que sustentam os processos de governança do mundo, que as diferentes ideologias que esse pensamento ocidental conseguiu produzir, seja aquelas visões mais cuidadosas com relação aos seres humanos, aquelas visões que seriam mais generosas com relação ao destino do ser humano aqui na Terra, até aquelas visões extremamente rendidas ao materialismo e que querem imprimir nos lugares onde nós vivemos na Terra a nossa marca. A marca de cada geração, a marca de cada ciclo que nós vivemos.

Eu cheguei ontem para estar aqui com vocês e na parte da tarde eu tive a oportunidade de ouvir falas que me tocaram profundamente, que me parece que estão comunicando uma possibilidade de que os terrores e os medos que ficam presentes nas visões de nossos pajés, que ficam presentes nas visões de nossos mestres que ensinam as visões sobre a terra em que nós vivemos e os seres que interagem com cada uma das nossas humanidades nesse lugar que é a terra onde nós vivemos, com a compreensão, com a percepção de que esse lugar é suficientemente fluído para não estar contido nas fronteiras que nós acabamos por admitir e trabalhamos nossas ideias apoiados nessas fronteiras, fica presente na maioria das nossas visões, das nossas expressões, a nossa fixação em determinados lugares. Que seja a Amazônia, que seja os Andes, ou que seja algum lugar da Europa, nós passamos por experiências comuns no planeta todo, vivemos a emergência de um planeta mas ainda temos um apego quase que atávico a alguns lugares da Terra, como se nós esquadrinhássemos o planeta em pedaços, em sítios. Falamos da Floresta, em alguns momentos vamos fundo nessa aproximação com a ideia de florestas que são lugares onde nossas famílias vivem, onde estão os sentidos para nós de nossos territórios, dos lugares onde nós suprimos nossas necessidades de alimento, de abrigo, mas não relacionamos essas florestas com os oceanos, com todas as outras regiões que integram esse organismo que está cada vez mais impactado pelo nosso modo de estar aqui na Terra. Pela escolha que nós fizemos dos lugares e pelo o que nós estamos extraindo desses lugares onde nós estamos. Que troca que nós estamos fazendo com cada um desses lugares da Terra que nós pisamos.

Eu comentei com um dos meus colegas, ele me perguntou "você tem um texto com o qual você vai orientar sua fala?", e eu disse para ele: "o que vai orientar a minha fala vai ser a minha percepção, a minha sensibilidade de ouvir aqueles que estão junto comigo falando". E todos vocês que estão aqui, todos nós que estamos aqui nessa sala, e todos vocês que estão diante de mim agora, é que me evoca, que me chama para pensar sobre o tempo que nós estamos vivendo. Se durante muito tempo essa gente que foi chamada de índios, esses povos indígenas, fosse aqui da América do Sul, desse continente americano ou de outras regiões do mundo. Na África, por exemplo. Nós estamos aqui falando e eu fico pensando no que está acontecendo na África, desde, sei lá, o século XVIII, XIX, até agora, essa história absurda que atinge a vida de milhões de pessoas numa região do mundo que parece que está fadada a desaparecer antes das outras partes desse planeta. Esse organismo Gaia ele pode experimentar morte parcial, morte lenta de alguns de seus membros enquanto nós ficamos anunciando um possível falecimento simultâneo de todos os seus órgãos. Tem pedaços de nosso mundo que já morreram. Nós fazemos profecias sobre uma possível queda do céu mas muitos pedaços desse céu já caíram. E em alguns casos caíram em série sobre grandes regiões de nosso planeta, causando mudanças enormes na nossa perspectiva como uma humanidade.

Eu costumo dizer, uma imagem que eu gosto de cultivar é que nós estamos dentro de uma canoa. Nós viajamos dentro de uma canoa e nós compartilhamos tudo o que aconteça no âmbito dessa canoa, nesse ambiente dessa canoa. Vai afetar a todos nossos. É uma imagem que outras pessoas em outros lugares do mundo também compartilham. Uma pessoa muito ilustre, que na década de 1980 liderou o desmanche daquelas oposições que havia entre socialismo, comunismo, capitalismo, que foi o Mikhail Gorbachev, numa das falas dele já no final daquele movimento da Glasnot, da Perestroika, ele evocou também essa imagem. Nós estamos viajando numa frágil canoa. Se nós não tivermos consciência disso, essa canoa vai afundar com todos nós. Não vai haver saída para ninguém. E apesar de todos esses avisos de pessoas que tem ocupado lugar de importante decisão nas políticas de lideranças globais, nós continuamos escutando esses avisos mas seguindo na mesma batida.

As grandes corporações, que foram e são apontadas em diferentes regiões do planeta como as principais armas dessa guerra entre mundos, elas são lideradas por pessoas. Elas acabam ganhando uma representação como se fossem monstros invisíveis que assolam a nossa possibilidade de continuar compartilhando a vida aqui na Terra, mas são pessoas. São pessoas que estão administrando os conselhos dessas grandes corporações. Assim como os homens que assumem os governos regionais dos diferentes lugares do planeta, que assumem governos aqui na América do Sul, na América Latina, as pessoas que assumem esses mandatos são pessoas como cada um de nós que estamos aqui. Eles podem ser abordados como pessoas. Eles não são sobrenaturais num sentido digamos comum. E nós estamos permitindo de alguma maneira que se constitua um tipo de poder inacessível, que nós não tocamos, que não nos toca. E que continuam dando a dinâmica dos processos que derrubam o céu sobre as nossas cabeças.

Alguns de nós, por sua origem, por sua herança cultural, pelo que aprendeu dos seus antepassados, continuam dançando para suspender o céu. Outros nem isso fazem mais. Ou nunca fizeram, porque não é da sua tradição. Não está na sua, digamos, cosmovisão a existência de uma Terra com camadas de céus superiores em que ele pode interagir, que ele pode atuar, que ele pode suspender, que ele pode viajar para esses espaços para além do ambiente que nós compartilhamos aqui da Terra, para negociar, para agenciar novas formas de relação, novas trocas que nós podemos estabelecer entre essa humanidade que nós compartilhamos, a Terra onde nós vivemos e os outros mundos que estão em constante guerra com essa parte do mundo que nós somos capazes de reconhecer, de projetar, de compartilhar algumas visões uns com os outros.

Há cerca de 40 anos atrás, eu tive com a minha geração a oportunidade de começar a pensar essas políticas que ficavam mais visíveis nos conflitos entre o avanço das ocupações, o avanço da extração sobre a floresta, sobre as águas, sobre o que chamado de recursos naturais. Esse eufemismo que consegue transformar, que cria e transmite para as gerações futuras, para nossas crianças de cada geração a ideia de que existe um imenso supermercado, um imenso shopping com departamentos onde nós vamos tirar as coisas. Esse imenso shopping com departamentos onde nós tiramos as coisas é exatamente aquela nossa querida Mãe Terra. Aquela que o chefe Seattle, naquela carta que virou bíblia dos ecologistas na década de 1960-70, dizia que se nós continuássemos juntando os nossos detritos um dia essa humanidade iria acordar, na verdade não iria nem acordar, iria morrer sob o seu vômito e sob o seu lixo. Nós estamos cada vez mais próximos dessa realização de ficarmos soterrados sob nossos detritos, mas não mudamos a batida.

O século XX foi próspero em mostrar o tanto de erro que foi feito em relação à quantidade e a maneira com que a civilização estava se ensenhorando da Terra. Tomando conta da Terra. Nos oceanos, nas florestas, em todos os cantos nós estamos como verdadeiras bactérias inteligentes tomando o domínio sobre todos os cantos do planeta. Não há novidade nisso que eu estou compartilhando com vocês. A única novidade que existe é que para alguns de nós que estamos juntos aqui hoje é a primeira vez que eu estou podendo repetir isso. Mas isso é o meu mantra. Eu repito em diferentes lugares onde tenho oportunidade de falar com pessoas que são de outra cultura, que tem outro entendimento do que nós estamos fazendo aqui na Terra, de que nós podíamos andar com um pouco mais de cuidado e pisar suavemente sobrea Terra. E que talvez esse seria o melhor pacto que a gente podia fazer com a nossa Mãe para a gente adiar esse tão propalado fim do mundo.

Eu fui convidado há uns dois anos atrás para participar de uma série de encontros que era promovido lá na Universidade de Brasília. Estava ocupado lá no meu quintal cuidado da minha rotina com minha família quando me disseram "olha, você pode vir aqui mês de outubro, nós vamos fazer um encontro e queremos que você fale sobre desenvolvimento sustentável nas terras indígenas". Eu disse que estava bem. Eu achei que estava tão longe aquele outubro, mas passou muito rápido. Me chamaram e disseram: "olha, outubro já é amanhã, você vem? E qual é mesmo o nome da sua conferência?". E eu disse: "Ah, são ideias para adiar o fim do mundo". E a pessoa que me ouviu pôs essa chamada para nosso encontro. "Ideias para adiar o fim do mundo". E como estava meio próximo daquela coisa de 2012 e as pessoas estavam todas meio em pânico, eu não prestei atenção na maldade que eu estava fazendo. E lotou o auditório, encheu de gente querendo saber como ia adiar o fim do mundo. Estava um dia de garoa, chovia um pouco, e eu imaginei que não ia aparecer ninguém. Para minha surpresa apareceu sim, estava lotado, tinha gente nos corredores. E quando eu cheguei eu disse: "é interessante esse ciclo, essas Quartas Sustentáveis, que era o nome do encontro, vem muita gente ver, não é?" E eles responderam: "Não, eles vieram porque você vai dar dicas de como adia o fim do mundo". E eu falei "mas que absurdo, é isso mesmo?". E quando eu tive a oportunidade de cumprimentar aqueles meus amigos que estavam naquele auditório lotando a sala, saindo pelas janelas, eu disse para eles: "Então, vocês precisam saber como é que foi dado o título para essa minha palestra. Eu estava tão ocupado que quando alguém me pediu um título eu dei o que veio na cabeça na hora".

E o que é que nós fazemos em qualquer uma de nossas atividades? Seja você um pesquisador que está olhando o comportamento das ovelhas, ou alguém que está olhando o comportamento da Petrobrás ou das mineradoras, ou alguém que está vendo como as madeireiras estão invadindo a fronteira do Brasil com o Peru e matando os ashaninkas, o que nós fazemos no final das contas? Adiamos o fim do mundo. Nós estamos adiando o fim de algum mundo. Quando o Davi Kopenawa Yanomami sai pelo mundo afora apontando a grave situação que nós estamos metidos, o que ele está fazendo? Adiando o fim do mundo. Por alguma razão parece que nós gostamos muito de estar aqui. Porque senão a gente não ia adiar o fim dessa coisa. E eu sinceramente não entendo por que as pessoas querem adiar o fim do mundo. Se todos os sinais que nós damos indicam que a gente não conseguiu dar conta de cuidar desse jardim, se todas as últimas notícias que nós temos é que nós estamos administrando muito mau o negócio, por que é que nós queremos adiar isso? A gente podia pelo menos ter coragem de admitir o fim deste mundo e ver se nós somos capazes de aprender alguma coisa e se tivermos outras oportunidades ver como nós vamos nos portar num novo mundo ou num possível outro mundo.

9 786586 962284